日本の遺跡 2

吉野ヶ里遺跡

七田忠昭 著

同成社

（復元後）

（発掘当時。茶色の部分は市も推定される高床倉庫群）

復元された南内郭と高床倉庫群

（復元後）

（発掘当時）

復元された北内郭と大型祭殿

（復元後）

（発掘当時）

復元された北内郭の環壕と出入口

墳丘墓（弥生中期の首長の墓）　銅剣等を副葬された甕棺が多数出土

甕棺墓群（村の一般墓地か）　甕棺は２列に並び中央を墓道が通る

目　次

カバー写真　復元された物見櫓
装丁　吉永聖児

吉野ヶ里遺跡

はじめに

　北部九州の佐賀県東部に位置する吉野ヶ里《よしのがり》遺跡は、現在も発掘がつづけられ、原始・古代の生産や生活・祭祀、国内外との交流のみならず、集落や墓地の変遷、ひいては当時の世界観までを知ることのできる情報を発信しつづけている。平成元年二月の衝撃のデビュー以来、保存問題が活発化し、ついには国営吉野ヶ里歴史公園として整備活用されることとなり、現在、年間五〇万人前後の人びとが入園する佐賀県屈指の観光地となったのである。

　吉野ヶ里遺跡の発掘は、もともと工業団地造成の事前事業であったが、大規模な環壕集落と墳丘墓の発見は、学界はもちろん、マスコミや一般の人びとの関心を駆り立てた。弥生時代六〇〇年間の集落の変化を知ることのできる集落跡として、また、弥生時代のクニの中核的な集落跡として注目されるにおよんで、吉野ヶ里の丘は開発から一転保存されることになった。日本考古学界に吉野ヶ里の名が登場してから、五〇年以上の歳月が経過していた。

　それからの吉野ヶ里遺跡を取り巻く状況は急展開していった。一九九〇（平成二）年五月に国の指定史跡に、その翌年には特別史跡に昇格、一九九二年十月には吉野ヶ里遺跡を国営歴史公園として整備することが閣議決定され、国営公園は約五四ヘクタールとし、周辺の約六三ヘクタールを県営公園として、遺跡とその周辺の景観を保存し活用することとなったのである。

　一九八九年二月末から一九九三年二月の四年間に見学者約六五〇万人という数や、工業団地開発という大規模計画を中止し一転遺跡を全面保存するという行政の対応は、日本考古学史上未曾有のできごとであった。現在、歴史公園としての整備の工事が順調に進みつつある一方、未発掘地域の発掘調査も順次進めている。また、一九八六年五月以来の発掘調査で得た膨大な量の資料や記録類の整理作業も進みつつあり、吉野ヶ里遺跡の構造や変遷など、かなり詳しい内容も明らかになってきた。

　工業団地計画にともなう発掘調査には、県教育委員会から私と森田孝志氏・田島春巳氏、地元の神埼町《かんざきまち》教育委員会から田代成澄氏と桑原幸則氏、三田川町教育委員会から草野誠司氏の六名があたり、上司として指導していただいたのが高島忠平氏・藤口健二氏などであった。高島氏は開発と保存の狭間でご苦労され、現在も調査や整備に関してさまざまな指導をいただいている。藤口氏は朝鮮考古学のエキスパートで、平成元年の騒動の際はたいへんご苦労をおかけした。その後の調査にも、細川金也や吉本健一、渋谷格、原直樹、山口良弥、廣瀬雄一、長﨑浩、鷲見昌尚の諸氏など多くの調査員が参加した。彼らの努力と彼らとの日頃の討論は、吉野ヶ里遺跡の解明に大いに寄与した。

　地元で生まれ育ち、発掘開始の昭和六十一年から丸一九年発掘現場に立ち、開発から保存への激動を経験し、国営歴史公園として吉野ヶ里遺跡の整備活用に携わっている立場から、長期にわたる発掘調査を、その進展に従って振り返り、判明した事実や問題点を取り上げ、吉野ヶ里遺跡とはどういう遺跡なのか、吉野ヶ里遺跡の発掘で何がわかったのか、北部九州佐賀平野とはどういうところなのか、明らかになった過去の情報をどのように生かすかということについて記してみたい。

I　吉野ヶ里遺跡の発見

1　衝撃のデビュー

平成元年二月二十三日は、吉野ヶ里遺跡の運命を大きく変える日であった。それまでも吉野ヶ里遺跡の発掘成果については地元の新聞やテレビの管内放送でたびたび伝えられていたものの、その日はちがった。NHKの朝七時のニュースワイドと朝日新聞が全国版で大きく報じたのである。NHKの「女王卑弥呼の住まいとそっくり同じつくりの集落が佐賀県の吉野ヶ里遺跡で見つかった」とのアナウンスとテロップ、また、朝日新聞の一面の「邪馬台国時代のクニ」の見出しは、すぐさま歴史好きの国民多くを吉野ヶ里遺跡へと駆り立てたのである。

NHKの朝七時の全国ニュースでは、冒頭の「翌二十四日の昭和天皇の大葬の礼の弔問に訪れた各国首脳の弔問外交について」の次にながれたのが、「……魏志倭人伝に書かれている卑弥呼の住んでいた集落とそっくり同じつくりの集落が、佐賀県で見つかりました……」というキャスターの声。一瞬、しばらくして涙がこみ上げ、これで全国的に吉野ヶ里遺跡の名が知れわたるという喜びと、吉野ヶ里を取り巻く状況が一変するという予感を感じた。このようなすばらしく重要な遺跡が世に知られないまま壊されてしまったら、あとで取り返しがつかない、一部でも保存ができないものか、と心ひそかに思っていたからである。同僚の森田孝志氏と、まず全国の研究者に知ってもらうことが先決だと方策を考えていた矢先のことだった。

つづいて、ニュースのなかで解説がなされ、九州管内のニュースでも佐原眞先生の詳しい解説が放映されたのである。我に返り家族に騒ぎ立て、そのまま家を飛び出して吉野ヶ里に向かったが、途中JR神埼駅前の新聞販売店に立ち寄り、すべての新聞を買い込んだ。朝日新聞も一面に吉野ヶ里遺跡をカラー写真つきで大きく取り上げている。発掘事務所には、大勢の報道陣が待ち受けている。

このような事態のきっかけをつくったのが、弥生時代研究で知られる奈良国立文化財研究所の佐原眞指導部長（当時）であった。二月十二日に、樋口隆康先生（橿原考古学研究所所長・元京都大学教授）や福永光司先生（元京都大学・東京大学教授）とともに吉野ヶ里遺跡を訪れた天理大学の金関恕先生が、「吉野ヶ里はすごい、はやく見に行きなさい」と、畿内の考古学者たちに電話されたらしく、「壕が二重になっていて、壕の張り出し部分には物見櫓跡がある。あんなすばらしい遺跡を壊しては申しわけない。できたら保存の方向にもっていくべきではないか」とも付け加えられたそうである。私が吉野ヶ里遺跡の調査指導を佐原部長に電話でお願いしたとき、「吉野ヶ里のことは聞いている。二月二十一日中には行ける」ということであった。

二十一日、佐原部長が吉野ヶ里遺跡に着いたのは夕方の暗くなったころであったため、遺跡は明二十二日に案内することにし、その日は発掘事務所で遺跡の概要などを説明した。翌日は朝早くから遺跡の隅々まで案内し、指導していただいたのであるが、新聞やテレビの記者も多く集まり、佐原部長を取材している。『魏志倭人伝』の記述と吉野ヶ里遺跡を結びつけての説明である。案内の途中取材用のヘリコプターも上空を旋回するなど、ただ事ではない感じであった。このときの取材が、翌二月二十三日のテレビ・新聞の大報道となったのである。それまでの間に周到な準備のもと保存したいという強い意志をもって佐賀へお越しいただいたのであった。発表の日を昭和天皇大喪の礼の前日に決め、『魏志倭人伝』の記述とのかかわりに関する説明を新聞社・テレビ局それぞれ一社に絞るなど、後の動向を予測した上での行動であった。倭人伝とのかかわりが大きく報道されれば、二社以外の報道機関も後追い報道が過熱し、休日となる大喪の礼の日以降遺跡に人の波が押し寄せ、佐賀県としても動かざるをえなくなると読んだのである。その後三月六日には大阪大学の都出比呂志先生を調査指導のため招請したが、「吉野ヶ里は当時としては世界的にも類例が少ない大規模な環壕をもつ城塞集落であり、邪馬台国による国家統合直前の倭国大乱時代のクニのひとつ」と語り、話題を盛り上げてくれた。

『魏志倭人伝』には、邪馬台国の都である卑弥呼の居館のつくりとして、「宮室、楼観、城柵を厳かに設け……」とある。吉野ヶ里遺跡には環壕と物見櫓が揃っており、この記述を裏づけた感があった。考古学や古代史に関心がある人びとにとっては、何より好奇心をそそる魅力的な遺跡であったのである。

図１　吉野ヶ里説明会に押し寄せる見学者（平成元年）

翌二十四日からは、報道陣がどっと押し寄せ、テレビや新聞紙上を賑わせない日はないほどになった。しかし、発掘の最終期限まで残すところ一ヵ月、気は焦るばかりであるが、この日以来、われわれ調査員は激動の日々を送らざるをえなくなった。吉野ヶ里フィーバーの幕開けである。

その日から、遺跡の見学者の数はしだいに多くなり、遺跡というより観光地とよんだほうが適当な状態になっていった。急きょ二十五・二十六日の両日、遺跡見学会を開催したが、昨年秋の見学会とはケタ違いの一万人以上の見学者が訪れたのであった。その後も日を追うにつれて見学者は増加の一途をたどり、土曜・日曜日などは全国から数万人単位の人びとが吉野ヶ里遺跡へと集まってきたのである（図１）。

2　吉野ヶ里を追った先人たち

吉野ヶ里遺跡の名は、それまでに知られていなかったわけではない。大正時代末にはその名を地元の地誌に見出すことができ、昭和初期以降には全国的な学術雑誌に登場する。

大正時代から北部九州弥生文化の研究は活発化するが、おびただしい数の青銅器を有する福岡地方がその中心となり、九州大学の研究者が研究を担った。その結果、九州弥生文化の中心は福岡平野など玄界灘沿岸地方であるという認識を生み出した。佐賀県における原始・古代文化の研究が開始されたのは、古賀孝・松尾禎作氏らがとくに佐賀平野東部についての遺跡・遺物の概要を報告した大正時代後半であった。吉野ヶ里遺跡については「この丘は標識的弥生式丘陵で土器破片がぞくぞく畑に出ている。古代人の住むのに最も都合のいいところだったと思われる」（古賀孝・松尾禎作ほか『古代東肥前の研究』大正十四）と述べている。松尾氏はその後の佐賀県考古学研究の中心として活躍し、『佐賀県考古大観』や『北九州支石墓の研究』など、多くの優れた著書を残した。

吉野ヶ里遺跡の名が中央の学会誌に登場したのは昭和九年であった。三月に七田忠志の「佐賀縣戦場ヶ谷出土彌生式有紋土器について」（『史前學雑誌』六―二）が、五月に三友国五郎の「佐賀縣に於ける合甕遺跡地」（『考古學雑誌』二四―五）が、さらに七月にはふたたび七田の「佐賀縣戦場ヶ谷遺蹟と吉野ヶ里遺蹟について」（『史前學雑誌』六―四）が相次いで発表されている。七田の最初の論文は、吉野ヶ里遺跡の北約二・五キロメートルに位置する東脊《ひがしせ》振村《ふりむら》三津の押型文土器を多数出土した戦場ヶ谷遺跡から出土した土器・石器の報告であったが、吉野ヶ里遺跡を含む周辺の弥生時代遺跡や人骨、貝製腕輪、銅鏡、銅戈鋳型の出土を報じた。このなかで甕棺墓地の分布地図も掲載し、「志波屋《しわや》吉野ヶ里丘陵……には、彌生式合口甕棺包含地を見出し、あわせて夥しき彌生式土器・祝部式土器の破片の附近一帯に散在せるを知る。すなわち附近いったいは古代人が相当に文化生活を営んでいた事實を明らかに知ることが出来よう」と述べ、さらに「脊振南麓一帯におびただしく散在する彌生式甕棺遺跡および有明海周縁貝塚群とともにぜひ究明を要するものであり、あわせて今後研究不充分なる肥前地方古代遺跡遺物の解明を諸先生に懇願する次第である」と結び、この地域も学会が注目するよう訴えている。

三友は、佐賀平野東部の甕棺墓地や貝塚を紹介するなかで、「佐賀平野は南方に肥沃なる沖積平野があり、さらに古代人に取って非常に食糧を供給する海（不知火海）を控え、しかも北方は脊振山塊が自然の防禦線となり生命線となっているから、此の脊振山麓は絶好の古代聚落地をなしたであろうと推定せられる。……絶好の地理的條件をもっている佐賀平野には遺跡地が少ないのでなくて、実際は両筑地方に比して遺跡地発見が少ないのであろうと自ら解釈をしておったのであった。はたして豫想して居た如く土中の文化はやはり土中の文化として、長い間埋もれて居ったが、ついにこれが紹介せられるときがやって来たのである」と述べ、貝塚その他を紹介し、吉野ヶ里遺跡については一項目を設けその内容を詳しく報じている。甕棺墓の多さを述べるとともに、道路際に露出していた一一基の甕棺墓について、埋地状態の図面を付し法量や形態の特徴などを詳しく報告した。

七田は同年七月にふたたび吉野ヶ里遺跡につい

て論じている。「北九州彌生式遺跡の重要視されつつある折柄、なぜか、北九州西部地方が、北九州東部地方に比して、あまりにも、かえりみられないのは如何なる理由にもとづくものだろうか。元より當地方に郷土研究の機運が醸されなかったことも、一つの重なる原因をなすものであるが、吾人は尠くとも、北九州彌生式の研究は今一たび考古学研究の處女地帯たる佐賀、長崎県地方の遺跡、遺物を研鑽、見返って、然る後に北九州史前文化の一般を整理すべきではなかろうかと信ずるものである」とし、さらに「ましてや、一たび古来における大陸との交渉関係を考究するとき、邪馬台国問題を再考するとき、時にわれわれは、今後における北九州古代文化研究上の重要性はこの地方に與うべきものではなかろうかと思う……この地方の研究が、我が考古學界に多大の指示を提供するであろう事を疑わぬ」と述べ、吉野ヶ里遺跡について内容を報告した。

その後も七田は吉野ヶ里遺跡周辺の遺跡について、昭和十年の「東肥前出土の赤き人骨について」（『肥前史談』七―四）や、「肥前風土記神埼郡の条に於ける僧寺に関する一考察」（『上代文化』十三）、十一年の「甕棺葬の一異例」（『考古学雑誌』二六―八）などで相次いでその内容を報じた。「僧寺に関する一考察」では、吉野ヶ里丘陵東斜面（東脊振村大字大曲辛上の通称八反所在、吉野ヶ里遺跡の範囲内）で古瓦や礎石などを発見し、肥前風土記神埼郡条に記載された寺院（辛上廃寺《からかみ》）として位置づけた。また、「甕棺葬の一異例」では、吉野ヶ里遺跡北方約二キロメートルで、円墳状の盛土の上で四基の甕棺墓を発見し、東アジア的視野でこの墳丘墓を特別な墳墓として位置づけた。なお、辛上廃寺については、吉野ヶ里遺跡の一連の発掘調査によって、南北推定一〇八メートル・

図２　昭和30年代の吉野ヶ里の丘

東西七五メートルの寺域が確認され、そのなかに南門や塔、金堂、僧坊などの建物跡や基壇跡などが確認された。

戦後になって、全国の考古学者や研究者によって設立された日本考古学協会のなかに、弥生式土器文化総合研究特別委員会が設置され、戦前から学会の重大研究課題であった日本の農耕文化の生成と発展を知るための発掘調査と研究が組織的に行われることになった。七年間に、福岡県板付《いたづけ》遺跡・夜臼《ゆうす》遺跡、山口県土井浜《どいがはま》遺跡、大阪府瓜破《うりわり》遺跡、愛知県西志賀《にししが》遺跡など、西日本各地の二五カ所の弥生遺跡が発掘調査の対象となったが、佐賀県においても、甕棺から中国製の銅鏡（漢式鏡）や巴形銅器などを出土した唐津市の桜馬場遺跡、甕棺から銅剣を出土した三養基郡上峰町の切通《きりどおし》遺跡、神埼郡東脊振村の三津永田《みつながた》遺跡などが発掘調査の対象になった。

　三津永田遺跡は、吉野ヶ里遺跡の北方約二キロメートルの丘陵北部に位置する遺跡であったが、一九五三年十一月から翌年七月までの間、部分的な発掘が行われた。このときの調査で、甕棺墓のなかから中国後漢時代の銅鏡や鉄刀などが人骨とともに出土し、「大陸文化流入の交通路にあたる玄界灘側の地方だけでなく、この地方でも既に当時かかる品が受け入れられていた」（坪井清足・金関恕「肥前永田遺跡弥生式甕棺伴出の鏡と刀」『史林』三七巻二号、一九五四）ことをつよく認識させた。その後も、三津永田遺跡では甕棺の出土が相次ぎ、おそらく数百基にのぼる大規模な甕棺墓地であったものと推定されるにいたり、中国前漢から後漢にかけての銅鏡七面や刀・剣などの鉄製武器、その他鉄製の斧・鎌・腕輪、南海産のゴホウラやイモガイでつくられた貝製腕輪多数、ガラス製の管玉や小玉多数、布片などが出土し、地域の拠点的な集落が営んだ墓地であろうと考えられてきた。

　また、三津永田遺跡から出土した甕棺の最新のものは、甕棺編年の後期前半の標式土器「三津式」として位置づけられ、出土した人骨は、高身長・高顔の北部九州弥生人の代表として、金関丈夫氏の「渡来説」の資料として用いられ、後の人骨調査では、鉄鏃が突き刺さったり、刀傷のある人骨も発見され、戦闘の犠牲者の存在も指摘された。

　一九六五（昭和四十）年になると佐賀県においても農業基盤（圃場）整備事業や工業団地・住宅団地などの開発事業にともなって、各所で大規模な発掘調査が行われるようになった。調査のほとんどが、開発にともなって破壊される文化財を図面や写真に記録して、出土した遺物とともに後世に伝えることを目的に行われたが、その成果は、佐賀平野の原始・古代における重要性を証明することにもなった。

吉野ヶ里遺跡の東北東約三・五キロメートルの二塚山遺跡でも工業団地建設にともなって、一九七五（昭和五十）年から翌七六年にかけて発掘調査が実施された。三津永田遺跡と同様、弥生時代前期から後期にかけての甕棺墓を主体とする墓地が全面発掘され、多数の漢式鏡と国産鏡、鉄製武器やガラス製の玉類、貝製腕輪などが、多数の人骨とともに出土し、三津永田遺跡と内容がよく似た重要な遺跡が、比較的狭い範囲に分布していることが注目された。

脊振山地の南麓から平野に向かって帯状に延びる周辺の丘陵は、吉野ヶ里遺跡が存在する丘陵と同様に、おもに弥生時代の遺跡の宝庫ではあったが、さまざまな開発によってほとんど姿を消しつつあった。これらの遺跡群のなかでもとりわけ、表面に遺物の分布が最も多くみられる吉野ヶ里遺跡の内容とその保護に、研究者の期待が集まりつつあった。昭和初期から、有明海沿岸筑紫平野の弥生時代遺跡の代表として注目されてきた吉野ヶ里遺跡は、大規模で、重要な遺跡とされていたものの、詳しい内容が不明な、いわば幻の遺跡であった。

一九七五年頃になって、開発の波はしだいに吉野ヶ里遺跡周辺に押し寄せてきた。丘陵周辺の水田の圃場整備、丘陵上の工場建設や宅地開発などの事業にともなって小規模な発掘調査が実施され、それぞれに吉野ヶ里遺跡のもつ豊富な内容を垣間見せるなど、幻の大遺跡が現実味を帯びつつあった。

Ⅱ　吉野ヶ里遺跡の自然的・歴史的環境

1　佐賀・神埼の自然環境

吉野ヶ里遺跡は、佐賀県の有明海沿岸に広がる佐賀平野の東部、神埼郡の神埼町と、三田川町・東脊振村（二〇〇六年、神埼町は南の千代田町・北の脊振村と合併し神埼市、三田川町・東脊振村が合併し吉野ヶ里町となる予定）にまたがって存在する広大な遺跡である。福岡県と佐賀県を隔てる千《メートル》級の山並みからなる脊振山地から南の佐賀平野に向かっていくつかの丘陵が延びているが、そのいずれにも多数の弥生時代の集落跡や墓地が立地している（図3、4）。佐賀平野は、大小河川の流入による堆積作用や有明海の潮汐作用によって形成された谷底平野や扇状地、三角州が発達し、豊富な水と温暖な気候が相俟って、現在まで卓越した穀倉地帯となっている。そのひとつ、通称「志波屋・吉野ヶ里丘陵」の南部に吉野ヶ里遺跡は存在するが、一帯の標高は二六《メートル》～一〇《メートル》で周辺水田面との比高は一〇《メートル》前後である。ちなみに、近年の気象状況は、最高気温三三・四～三八℃、最低気温マイナス四・七～三・一℃、年間

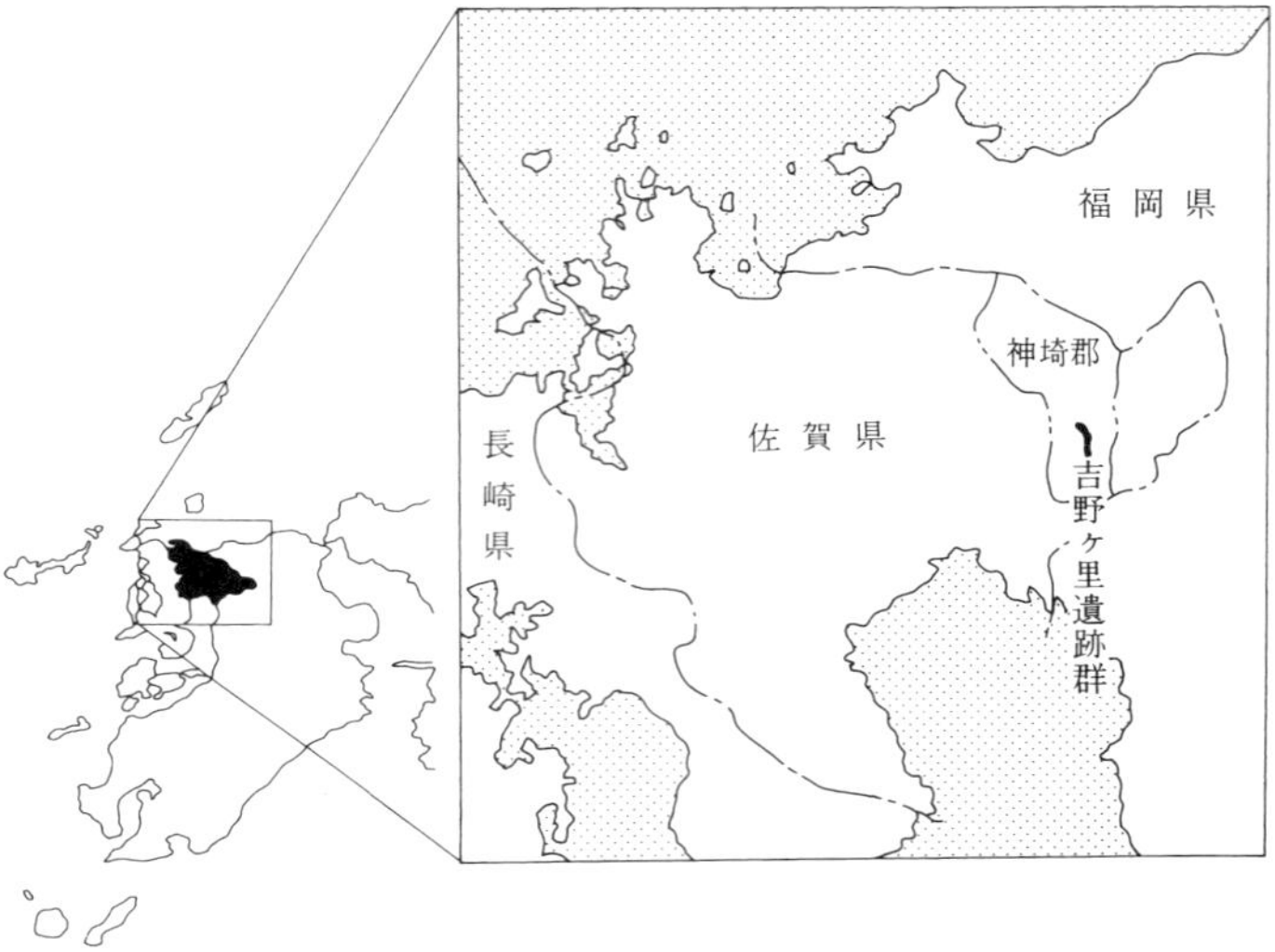

図3　吉野ヶ里遺跡の位置

降水量一三〇〇〜二六〇〇ミリメートル、平均湿度七〜七四%、年間日照時間二〇〇〇時間前後となっている。

内海である有明海は、九州島北岸の玄界灘にくらべ、波の高さが格段に小さく穏やかで、反時計まわりに時速一〇キロメートルの潮流がある。黄海から玄界の荒波を乗り越え有明海に入ると、安全な航海が約束されたのである。また、有明海は約六メートルという国内最大の干満の差があり、満潮時には平野部の奥深く潮が上り、当時唯一の大量物資運搬手段としての船舶の航行に適していたものと考えられる。広大な干潟にムツゴロウが跳ね回り航海にとって不向きであるといった先入観は捨てるべきであることは、多くの古記録が物語っている。加えて、防御といった観点からも、背後に千メートルの山並み、東西両側に低山塊や丘陵、南に海と港津が存在するという要害の地であった。

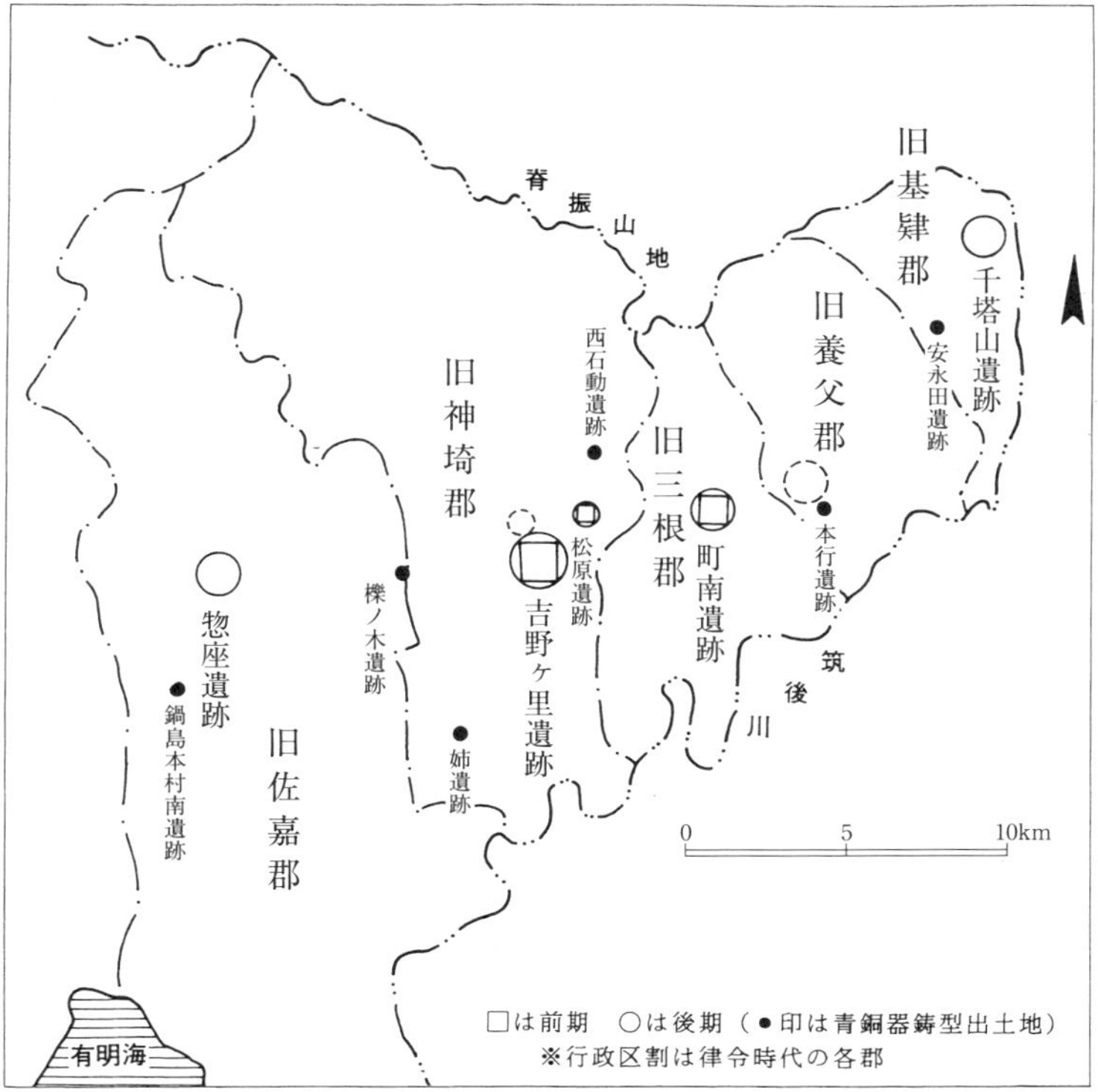

図4　佐賀平野における弥生時代の拠点集落

このような自然環境のなか、山麓部や河岸丘陵、平野部の微高地には弥生時代以降、多くの集落・墓地が営まれるなど一大文化圏を形成していたことが近年の発掘調査によって明らかにされ、古記録に記載された内容を加味すれば、弥生時代以来、いつの時代にも中央の政治権力から注目されその管理下に収められた土地であることが理解できる。

2　歴史環境

旧石器時代の遺跡は、山麓部や丘陵上にその存在が確認されているが、本格的な調査が実施された例は少なく、表面採集か後世の遺構などに混在したものが発見される例が多い。吉野ヶ里遺跡でもナイフ形石器を主体とする石器群が多く出土している。また、数少ない本格的な調査例である神埼町船塚遺跡からは二層にわたる文化層から礫群が確認され、ナイフ形石器や台形石器・剥片尖頭器などが出土したが、瀬戸内系石器群の出土は興味深く当地域における旧石器文化の様相をうかがうことができる。

縄文時代は、旧石器時代と同様に山麓部や丘陵上に遺跡が確認されており、その数も増加している。押型文土器の出土で学史的に著名な東脊振村戦場ヶ谷遺跡をはじめとする多くの遺跡が確認されている。これらのうち、晩期に存在する久保泉丸山遺跡などでは支石墓群が検出され、吉野ヶ里遺跡周辺でも晩期の集落跡と考えられる遺跡がいくつか発掘されており、この地域における弥生文化生成の実態が明らかになる日も近いと考えられる。

弥生時代になると遺跡の数は急増し、その分布も南部の沖積平野まで広がるようになる。近年の農業基盤整備事業などの開発にともない平野部の調査が増加した結果、丘陵上のみならず平野部の状況が明らかになった。前期の遺跡は中原町町南遺跡、東脊振村西石動遺跡・同松原遺跡、神埼町切畑遺跡、吉野ヶ里遺跡など丘陵上や山麓部に立地するもののほか、南部三角州地帯の千代田町黒井遺跡群・同詫田西分遺跡などの貝塚を含む集落群が形成されたことが明らかになっている。なかでも吉野ヶ里遺跡や松原遺跡、町南遺跡では環壕集落が形成されるなど、地域の拠点的な集落も同時に生成されたものと考えられる。

中期以降、集落の範囲はさらに拡大し数もいちじるしく増加する。上峰町切通遺跡や東脊振村三津永田遺跡・同横田松原遺跡など副葬品をもった弥生時代墓地が従来から知られていたが、近年の大型開発にともなう調査の増加により、多くの集落・墓地跡が調査されている。

このような多数の遺跡のなかには、先に挙げた切通遺跡をはじめ五本谷遺跡・二塚山遺跡・横田遺跡・三津永田遺跡や、東脊振村石動四本松遺跡、三田川町の目達原桜馬場遺跡、千代田町高志神社遺跡、同吉野ヶ里遺跡北墳丘墓などから漢式鏡、青銅製や鉄製の武器・武器形祭器、装身具などの重要な遺物が出土している。また、従来から知られていた西石動遺跡や姉遺跡・佐賀市櫟の木遺跡に加えて佐賀市鍋島本村南遺跡、大和町惣座遺跡、吉野ヶ里遺跡からは初期のものを中心とする銅剣・銅矛・銅戈の鋳型などが出土している。これらは当地域が、国内において青銅器製作が開始されたことを示し、弥生時代の青銅器生産の問題に重要な資料を提供した。豊かな農業生産を背景に先進的な金属器文化が花開いていたことを示している。

これら弥生時代の数多くの集落や墓地跡の調査成果は、水稲稲作を基盤として各種の手工業的生産を行い人口密集地として発展したこの地域の特徴を示したが、一つの地域をめぐる集落群や墓地群の構造や格差、あるいは相互の有機的関係をうかがい知る資料として重要である。

古墳時代では、集落遺跡としては東脊振村の浦田遺跡などで一般的な集落跡が、夕ヶ里遺跡などで初頭の大規模な集落跡が発掘されており、墳墓としては東脊振村西一本杉遺跡の前方後円形の墳墓、吉野ヶ里遺跡の前方後方形墳墓や方形周溝墓群、佐賀市銚子塚前方後円墳、三田川町と上峰町・東脊振村にまたがる前方後円墳七基・円墳四基以上からなる目達原古墳群などが築造され、吉野ヶ里遺跡北方では、神埼町伊勢塚前方後円墳や、東脊振村下三津西前方後円墳など後期の古墳が築造される。山麓部で多数の古墳群（群集墳）が形成されており、『古事記』や『続日本紀』『国造本紀』にみえる目達原《めたばる》古墳群を営んだと考えられる筑紫米多《めた》国造、『日本書紀』にみえる嶺県《みねあがた》主《ぬし》、『続日本紀』にみえる佐嘉《さが》君などの豪族や有力農民層の動向がうかがい知れる。

　奈良時代には律令国家の成立にともない、佐賀平野東部の地域は、三養基郡みやき町と上峰町は三根郡（『肥前国風土記』によると神埼郡三根村の名をとって神埼郡から分かれた郡）、現神埼郡と佐賀市の南部の一部は神埼郡、大和町、佐賀市の大半は佐嘉郡の範囲に含まれた。大和町には国庁跡、国分寺・国分尼寺跡などが存在し、その南には東西方向の駅路跡が存在する。この駅路跡は大和町から吉野ヶ里遺跡を経て中原町までの約一七キロメートル区間に痕跡をとどめており、数カ所で発掘調査が実施され道路側溝や切通しなどが確認されている。吉野ヶ里遺跡や西に接する神埼町中園遺跡・同志波屋二の坪遺跡などの調査で、企画的に配置された多数の掘立柱建物跡群や井戸跡群が発掘され、木簡や墨書土器や箆描き土器（「神埼厨」）などの文字資料、帯金具が出土するなど、神埼郡家や神埼駅家関連遺構の存在が想起される。この時代の集落跡もいくつか確認されているが、上峰町塔の塚廃寺、東脊振村辛上廃寺などの寺院跡は著名である。律令期初頭の神埼郡は肥前国最大の郡で、諸施設が整えられた郡であったことが『風土記』によって知ることができる。現存する地名から、律令時代以前の神埼郡には、土師部・的部・馬飼部・蔵部・久米部・曽根部などの部民が割拠していたことが想起される。

表1　神埼と有明海を介した対外ルートに関する文献（古代・中世）

時　代	文　献	内　容
古墳時代	『日本書紀』 雄略天皇十年(466)	献上の鵝鳥を嶺(佐賀県東部の筑後川右岸地域)県主の犬が喰い殺す
	『古事記』 応神天皇	(応神天皇の孫の)意富富杼王は、筑紫之米多君…の祖なり
	『国造本紀』	稚沼毛二俣命の孫都紀女加が筑紫之米多国造に定められる」
	『肥前国風土記』 三根郡物部郷(602頃)	推古天皇の新羅征伐の際、三根郡に社をつくり、物部経津主之神を祭る
	『続日本紀』 文武天皇慶雲元年(704)	米多君北助、従五位下に叙せられる
	『続日本紀』 文武天皇慶雲四年(707)	天皇が崩御し、…、従五位下黄文連本実、米多君北助らが御装司となる
奈良時代	『肥前風土記』 神埼郡	神埼郡は郷九所、里二十六、駅一所、烽一所、寺一所僧寺。昔この郡に荒ぶる神がいて往来の人が多く殺害された。景行天皇巡狩の時この神は和平し以後災いがなくなったので神埼郡という。
	『肥前風土記』 三根郡	三根郡は郷六所、里十七、駅一所小路。この郡は神埼郡と合わせて一郡だったが、海部直鳥が三根郡を分けることを請いて、神埼郡三根村の名をとって郡名とした
平安時代	『類聚国史』 巻百五十九仁明天皇承和三年(836)	肥前国神埼郡の空閑地六百九十町を勅旨田となす
	『御堂関白記』 長和4年(1015)	藤原道長が中国僧の帰国に託し、神埼荘から中国寺院に作料物を送る
	『百錬抄』第六 大治二年(1127)	神埼荘から白河上皇へ鯨珠が献上された
	『長秋記』 長承二年(1133)	中国船が神埼荘に来着し、神埼荘司平忠盛が院宣と偽って貿易を行い暴利を得る
	『御室相丞記』 久安四年(1148)	杵島荘から孔雀が献上された
室町時代	明書『壽海図篇』 明書『図書篇』	「鉄来」佐賀県諸富町寺井(terai)、「法司奴一計」佐賀市蓮池(hasuike)、、「客舎」佐賀市嘉瀬(kase)「言奴気子」福岡県大川市榎津(enokizu)

平安時代には六九〇町の勅旨田から発展した「神埼荘」とよばれる院領荘園が神埼郡域の大部分を占めるようになったと推定される。多数の中国の越州窯青磁や白磁・緑釉陶器・新羅の青銅箸・木製馬鞍などを出土した三田川町下中杖遺跡などが知られるが、ほかにも吉野ヶ里遺跡など平安時代から中世にかけての輸入陶磁器を出土する遺跡が数多く存在しており、対中国貿易拠点の一つとしての神埼荘の性格をうかがわせている。『長秋記』長承二年（一一三三）条の「中国宋船が神埼荘に来着し、神埼荘司平忠盛が院宣と偽って貿易を行い暴利を得」たという記事からも、このあたりの状況を読み取ることができる。

中世になると武士階級が実質的支配権を確立したと考えられ、小山塊上の山城跡や山城麓の館跡、平野部には環壕館跡などが多数存在しており、勢福寺城麓の神埼町城原二本谷西遺跡や同町姉川城跡などのように発掘調査によってその内容が明らかになったものも存在する。また、吉野ヶ里遺跡内には建治四・弘安元（一二七八）年、元寇の際に勅願祈祷寺として創建されたとされる田手川左岸の東妙寺より二〇年前の正嘉二年創建とされる妙法寺（尼寺）跡が存在している。

以上のように、吉野ヶ里遺跡が立地する佐賀平野東部地域は、縄文時代晩期（弥生時代早期）以降、農業と金属器などの先進文化をいち早く摂取し発展させたものと考えられ、長期間にわたり政治的・軍事的に重要な位置を占めた背景には、水稲耕作に適した気候と広大で肥沃な土地、南に国内外に開かれた有明海をもつなどの有利な地理的条件が少なからず影響しているものと考えられる。

Ⅲ　発掘調査の経過

1　工業団地計画と確認調査

佐賀市以東の佐賀東部地区は、その地理的条件を生かした米作地帯として、古来から食糧供給基地としての役割をはたしてきた。しかし、この地域の農業は兼業化、担い手農家の減少、従事者の高齢化などが進行していった。佐賀県では「八〇年代佐賀県総合計画」を策定し、佐賀県が食糧供給基地としての役割をはたしつつ、地域の活性化のため工業の導入をめざすことになり、一九八一（昭和五十六）年に「佐賀東部地区工業開発適地調査協議会」が設置され、吉野ヶ里丘陵も、その立地条件のよさから工業団地計画が推し進められた。

翌年二月の第四回協議会において、この地域が最優先・最有力候補地として内定した。しかし、吉野ヶ里丘陵一帯は、以前から多くの埋蔵文化財が埋蔵されていることが知られ、考古学界にも戦前から知られていた遺跡でもあり、また、地元の農業高校の移転先候補地となり、文化財の問題で断念された経緯もあったので、県庁内で開発部局と文化財保護部局との間で、たび重なる協議が行われた。

　しかし、「吉野ヶ里遺跡」は重要な遺跡だと知られてはいるものの、内容については不明な点が多く、開発計画を白紙に戻すまでにはいたらず、団地規模八〇㌶の造成計画は進みつつあった。団地計画区域内の文化財保護と、団地区域確定と文化財保存緑地を含めたレイアウトに生かすため、まず、全域について埋蔵文化財の確認調査を実施して、遺跡の内容を把握することとなった。

　確認調査は一九八二（昭和五十七）年七月から十一月までの間、丘陵部約五〇㌶を対象に、佐賀県教育委員会の中牟田賢治氏の手によって行われた。水田部約三〇㌶についても、一九八六（昭和六十一）年一月から三月にかけて行われた。調査のために設けられた試掘溝（トレンチ）は約四〇〇カ所であった。

　調査の結果、約五八㌶の区域で遺構の存在が確認された。竪穴住居跡や溝跡、甕棺墓・土壙墓など、おもに弥生時代を中心とする時期のさまざまな遺構が数多く確認されたが、とくに溝跡のなかには大規模なものもあり、中牟田氏は環壕をともなう集落跡を想定していた。さらに後の協議のために、これらの地区を遺構の分布状況によって濃密・密・粗の三段階に分けた。濃密地域約六㌶、密地域約一二㌶、粗地域約四〇㌶である。ただし、ここで言う三段階は吉野ヶ里遺跡だけの分類であって、粗の地域であってもかなりの数の遺構や内容をもっている。

　工業団地計画を推進する県と、なんとか計画を白紙に戻そうとする教育委員会との間の本格的な調整は、丘陵部の確認調査が終了した時点から開始されたが、県として東部地区での工業団地の必要性から、最も遺構が密集していた南部地区を除外し、あわせて、おもに濃密地区を文化財保存緑地として団地内に取り込むことで協議が決着し、計画は進展することとなった。最終的には団地規模は約六七ヘクタールとし、基本的なレイアウトは、一九八六（昭和六十一）年三月の水田部確認調査の終了を待って決定された。

団地計画区域六七ヘクタールのうち、埋蔵文化財が存在する区域は約三六ヘクタールであり、四地区約六ヘクタールを文化財保存緑地とし、残る約三〇ヘクタールの文化財包蔵地については、記録保存のための発掘調査を実施して、文化財の保護を図ることとなったのである。

2　工業団地計画にともなう発掘調査

発掘調査は、一九八六（昭和六十一）年五月から一九八九（平成元）年四月までの間、工業団地にともなう発掘調査を県土地開発公社からの委託事業として行い（整理作業は一九九二年三月までの予定で実施）、一九八九年四月からは国庫補助金による発掘調査を、また平成八年からは県土木部からの依頼の発掘調査を、平成九年からは建設省・国土交通省からの委託事業として発掘調査を継続している。この間、古墳時代以降、とくに奈良・平安時代に属する郡役所や駅家、官道跡などに関する重要な発見も相次いだが、ここでは弥生時代遺跡を中心に主要な発掘調査を取り上げてみることとしたい。

（一）弥生墓地の発掘

一般の集団墓地の発掘

最初に発掘調査にとりかかったのは吉野ヶ里遺跡のほぼ中央に位置する志波屋四の坪地区の丘陵上であった（図5）。五月の中旬から前もって建設機械であるパワーショベルで表土（耕作などで耕

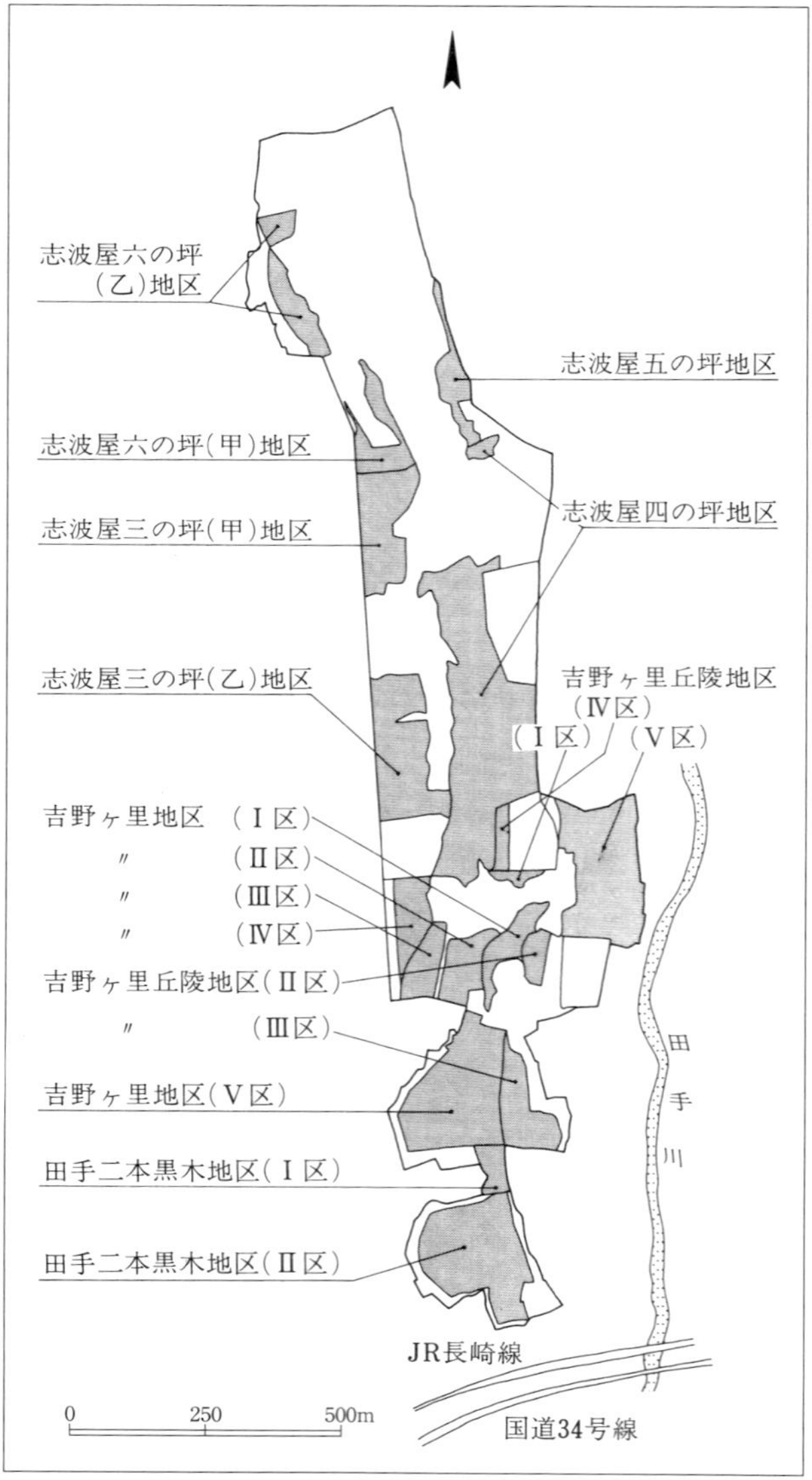

図5　吉野ヶ里遺跡調査地区位置図（佐賀県教育委員会1992『吉野ヶ里』より）

図6　甕棺墓

された土）を除去されており、すでに弥生時代の埋葬用の甕棺がいくつか姿を現している。かき板とよばれる刃の部分が広い鍬のようなもので遺跡の表面を掻いていくと、甕棺を埋めたらしい穴（墓壙）の輪郭が次から次へと現れてくる。当時の住まいである竪穴住居の跡なども存在する。

甕棺墓（図6）というのは、高さ一メートル以上の素焼きの巨大な甕形土器を棺として用いる墓で、北部九州の佐賀県と福岡県でとくに盛行した墓制である。埋葬の方法は、竪穴（成人棺の場合深さ一・五メートル〜二・〇メートル、乳幼児棺の場合一・〇〜一・五メートル）を掘る↓その壙底に横穴を穿つ↓棺の主体となる土器（おもに甕形土器）を置く↓そのなかに遺体を収め（水平埋葬の場合は頭位を手前におく場合が多く、稀に頭位を奥においたものも見られるが、傾斜したものはすべて頭位を手前におく）↓蓋の役割を果たす土器（甕形土器または鉢形土器・壺形土器・高坏形土器）または板状の石、木の板などで口を覆う→口の接合部を粘土で目張りする→墓壙を埋め戻す→墓壙上には標識の意味をもつ小さなマウンド（土饅頭）を設ける、というような方法をとっている。

弥生時代の墓地には、甕棺墓のほかに土壙墓（地面に平面長方形や楕円計の穴を掘りそのまま棺とした墓で、木の板や石で蓋をする）や木棺墓（土壙墓のように穴を掘り、木の板で棺をつくる墓）、組合せ式箱式石棺墓（板状の石によって棺をつくる墓）なども存在する。北部九州とよく対比される畿内の弥生時代墓地は、方形周溝墓とよばれる墳墓が主流で、棺としては木棺をおもに採用している。甕棺墓はおもに弥生時代の前期の終わり頃から中期にかけての期間（紀元前二世紀後半から紀元後一世紀前半）を中心に盛行した墓制であったが、吉野ヶ里一帯では後期前半（二世紀初め頃）まで盛んに用いられた。

戦後蜜柑園として開墾された際に破壊された甕棺も存在するが、深く埋まったままで遺存状態が良好なものも多い。甕棺はまさにタイムカプセルであり、状態さえよければ人骨はもとより衣服の布や、髪の毛までも残っているのである。また、甕棺墓などの墳墓は群集して墓地を形成するが、そのなかのいくつかには、稀に銅剣や銅鏡など貴重な文物が副葬されている場合（図7）や、装身具を装着したままの状態の人骨が存在する場合もある。「歴史の沈黙するところ、墳墓よくこれを語る」といわれるように、墓地の発掘によって、その構造や副葬品の違いなどから、被葬者の生前の身分や、当時の社会構造なども知ることができるのである。

弥生墓地の発掘は、毎日が甕棺の発掘と人骨の対面である。吉野ヶ里遺跡の発掘のなかで、最

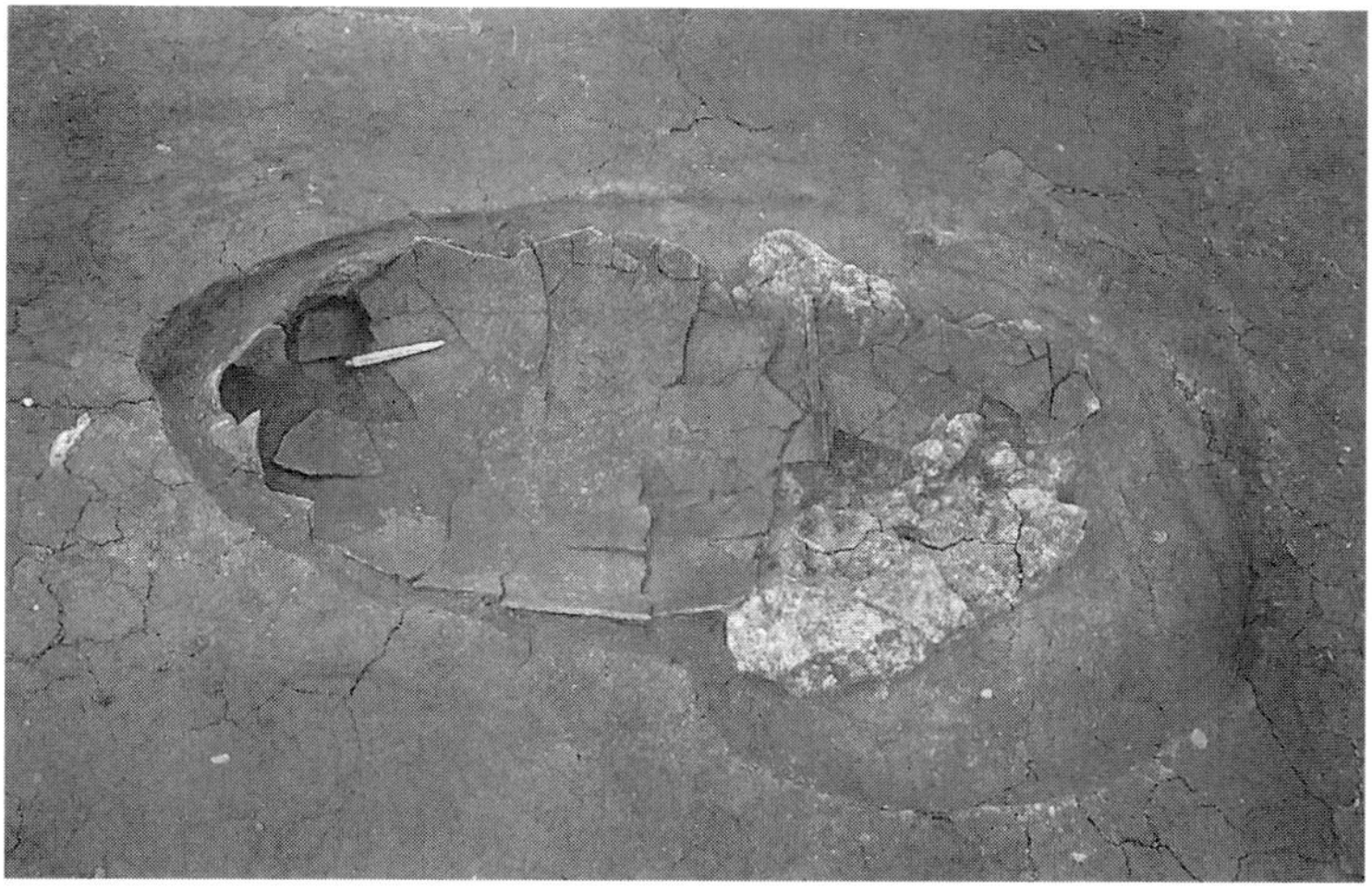

図７　銅剣が副葬された甕棺墓（SJ1005）

も注意力が必要であり大いに手がかかるのが甕棺の発掘である。遺体とともに棺内に納められた文物は棺内になんらかの形で残っているはずなので、竹篦や耳掻きなどによって注意深く土を取り除かなければならないし、もちろん人骨も傷つけてはならない。また彼らはわれわれの祖先であるので、いつも敬意をはらっての発掘である。発掘作業は通常、発掘し、写真や図面に記録し、出土した遺物を取り上げることで現場の作業を一応終了するが、甕棺の場合は甕棺が露出するまで発掘し、写真と図面に記録したのち、次に甕棺を割って内部を調査し人骨の状態をふたたび記録した後に人骨を取り上げ、その後甕棺の残り部分の記録を行い甕棺を取り上げて終了する。人骨関係の調査は、長崎大学医学部解剖学第二教室の内藤芳篤教授や松下孝幸助教授、分部哲秋講師などに依頼した。

結局、志波屋四の坪地区の調査では、丘陵の尾根を長さ二二〇メートルにわたり発掘し、甕棺墓約五三〇基をはじめとする六〇〇基の弥生時代の墳墓や、竪穴住居跡などが発見された。一九八七（昭和六十二）年度にこの墓地の南端、翌八九年度に北端の部分を発掘し、この墓地が、長さ六〇〇メートルに及ぶ大規模なものであり、中心に墓道と考えられる空白地があり、その両側に列状に甕棺墓多数が埋葬される中期前半（前二世紀）に始まった墓地であることが判明した。全域を発掘すれば、二千基近い甕棺が発掘されていただろう。運よく、残りは工場内緑地として文化財が保存される部分となっていた。

　甕棺には大型のもの、中型のもの、小型のものがある。内部から出土する人骨の年齢などから、大型のものは成人用、中型・小型のものは小児用と考えられるが、小型のものは乳児用としか思えない。現在にくらべ当時は栄養状態や衛生状態も悪く、医療技術も未発達の時代であるので、乳幼児の死亡率が非常に高いのである。伝染病でも発生すれば、乳幼児の命はひとたまりもなかったものと考えられる。墓地によっては成人用の甕棺と乳幼児用の甕棺の比率が一対一となっており、一般的にも三対二の割合である。しかし、乳幼児期を乗り越えれば、後に述べるように戦争の犠牲にならないかぎり長寿であったらしく、老年の人骨も出土する。『魏志倭人伝』には「倭人の寿命はあるいは百年、あるいは八～九〇年である」という記述がある。

　長崎大学では現在も、吉野ヶ里弥生人の計測や分析が行われているが、三五〇体以上と数が多いため進まない。細かな計測や分析ではあるが、この地方の弥生人の特徴が判明し他の地方の弥生人とどう違うのかが判別される。また、遺体の死亡

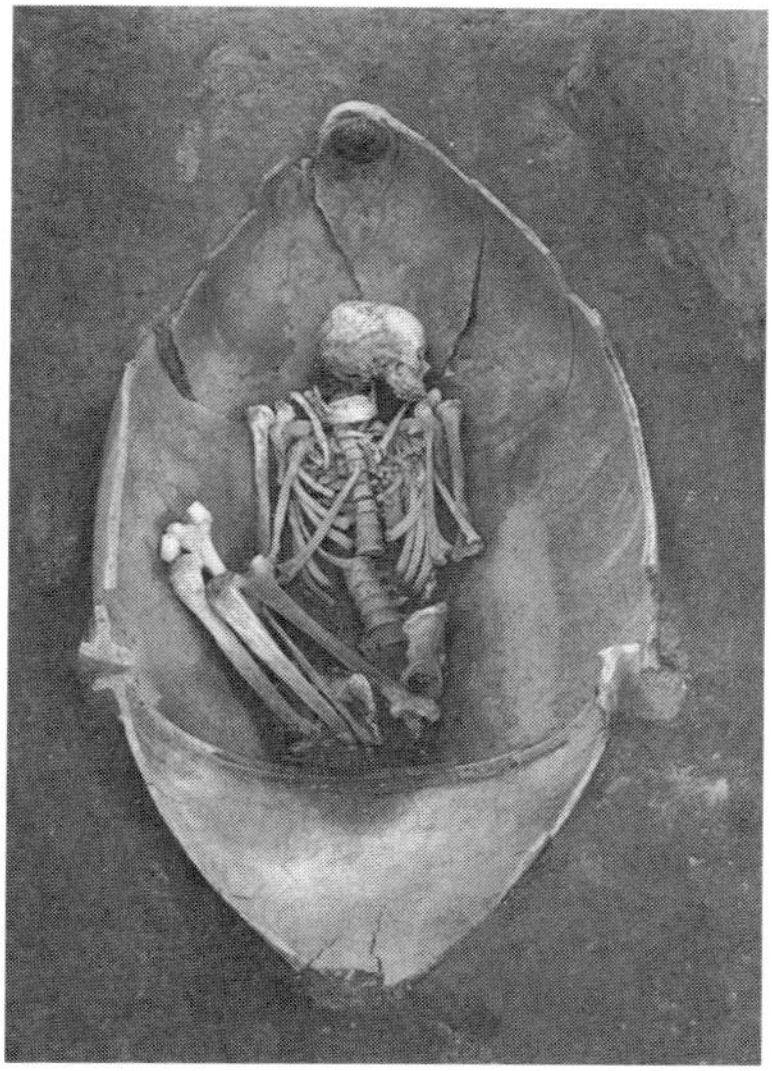

図8　保存状態のよい人骨の出土状況

年齢や、男女の別、身長なども割り出すことができる。吉野ヶ里遺跡を含む北部九州、山口地方の弥生人成人の平均身長は、男性で一六三センチ、女性で一五〇センチ以上あり、前時代である縄文時代人の身長（西日本で男性一六〇、女性一四八センチ）にくらべ格段に高身長になっている。顔も縄文人にくらべ上下に長くなっている。

縄文時代の終わり頃から、朝鮮半島などの背の高い人びとが稲作技術や金属器などの新しい文化を携えて北部九州へ渡来し、しだいに混血したものだろうと考えられている。今後の日韓あるいは日中合同の考古学研究や古人骨研究と、新しい方法である古人骨から抽出される遺伝子ＤＮＡの分析などによって、このあたりの状況が明らかになる日も近いと思われる。

ここ数年、この墓地の南端のやや北側と、北端の南側の調査を実施しているが、南の調査区からは漢式鏡（図9）や南海の貝殻でつくられた多数の腕輪が、北の調査区では初期の鉄鎌などが出土するなど、集団墓地のなかにも身分階層が高い人びとが葬られていることがあらためて明らかになった。

志波屋四の坪地区以外の地区でも、一九八七（昭和六十二）年以降、吉野ヶ里丘陵地区Ⅱ区からⅢ区・Ⅶ区にかけて、また、吉野ヶ里地区Ⅱ区

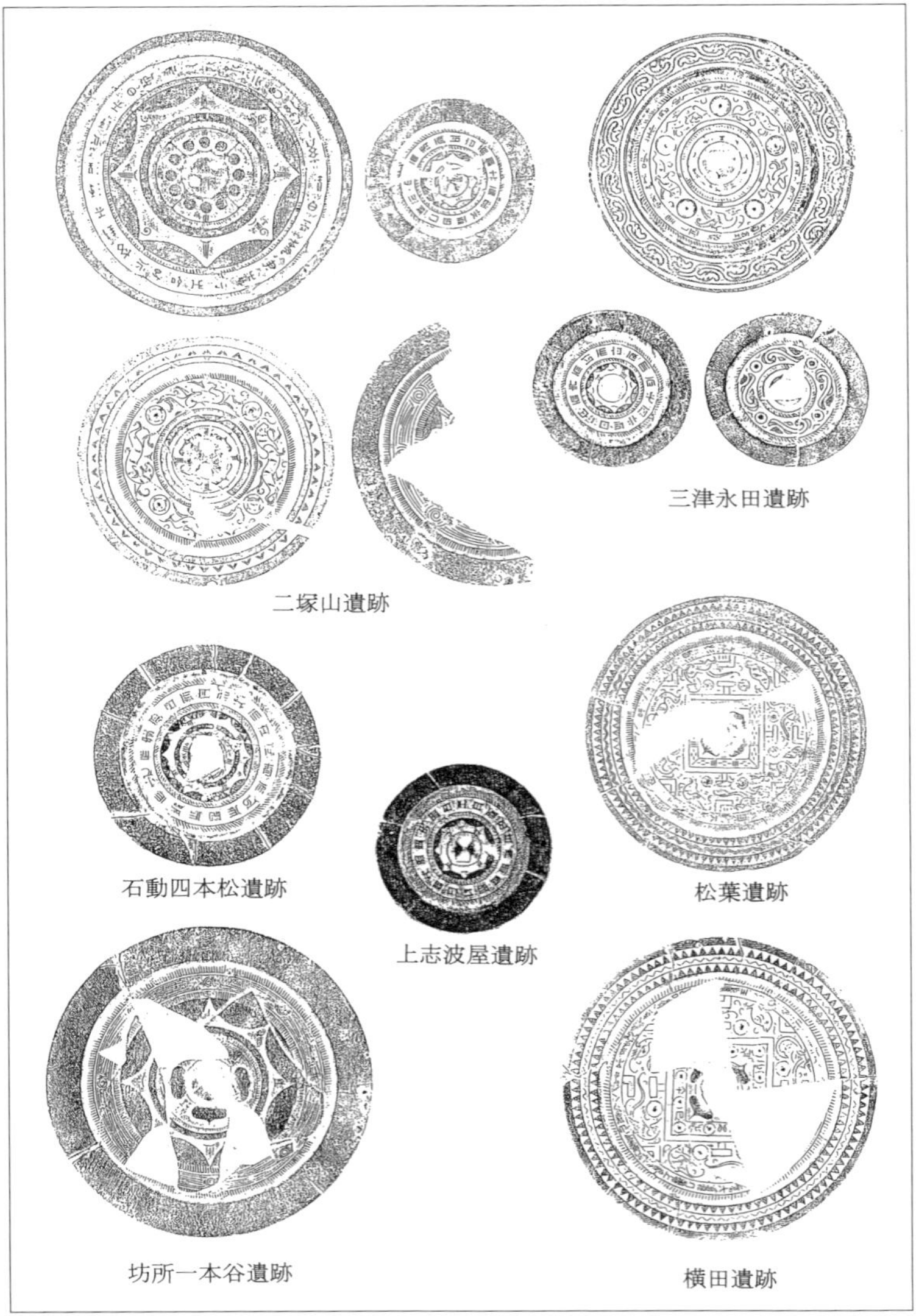

図９　吉野ヶ里遺跡周辺から出土した漢式鏡

からⅢ区にかけて、中心に墓道と考えられる空白地があり、その両側に列状に甕棺墓多数が埋葬される墓地を発掘した。いずれの墓地も数百の墳墓からなる墓地であるが、列は三〇メートル前後の間隔で区切りがあり、おそらくこの区間が一つの血縁集団の墓域と考えられる。つまり、いくつかの集団によって大規模な墓地が形成されているのだが、墓地のなかで際立って大きな甕棺を埋置したり、小規模な墳丘（盛土）をもっていた可能性のある集団や個人の墳墓もあるなど、一般の集落構成員のなかにおいても階層差が生まれていたことを示している。

　また、志波屋三の坪乙地区や志波屋三の坪甲地区、田手二本黒木地区などでは十数基あるいは数十基の甕棺からなる小規模な墓地も発掘したが、周辺で発掘した住居跡などとの関連で、これらは小規模な集落が周辺に営んだ墓地だろうと考えられた。大規模な墓地でも小規模な墓地でも、周辺にもっと墓地が拡大するに十分な余地があるにもかかわらず、墓地は拡大せず前に埋められた棺を壊すなどして累々と埋められている。墓地ひいては弥生社会全体に、かなり強力な社会規制（秩序）が働いていたものと考えられるのである。

　甕棺墓地から出土した弥生人骨のなかには、頭骨のないもの（図10）や一〇個の石鏃などが突き刺さったもの、大腿骨が折れたもの、刀傷が存在するものなどがあり、人骨は残っていないが、棺内から石鏃や石剣の先端部のみが出土した例もいくつかあり、大半は戦争の犠牲者と考えられるのである。北部九州では、このような犠牲者と思われる人骨が数多く出土している。弥生時代後期に集団戦争が行われたことは、『魏志倭人伝』の「倭国乱」の記事や、後に述べるようにさまざまな防御施設で守られた環壕集落の存在などからみ

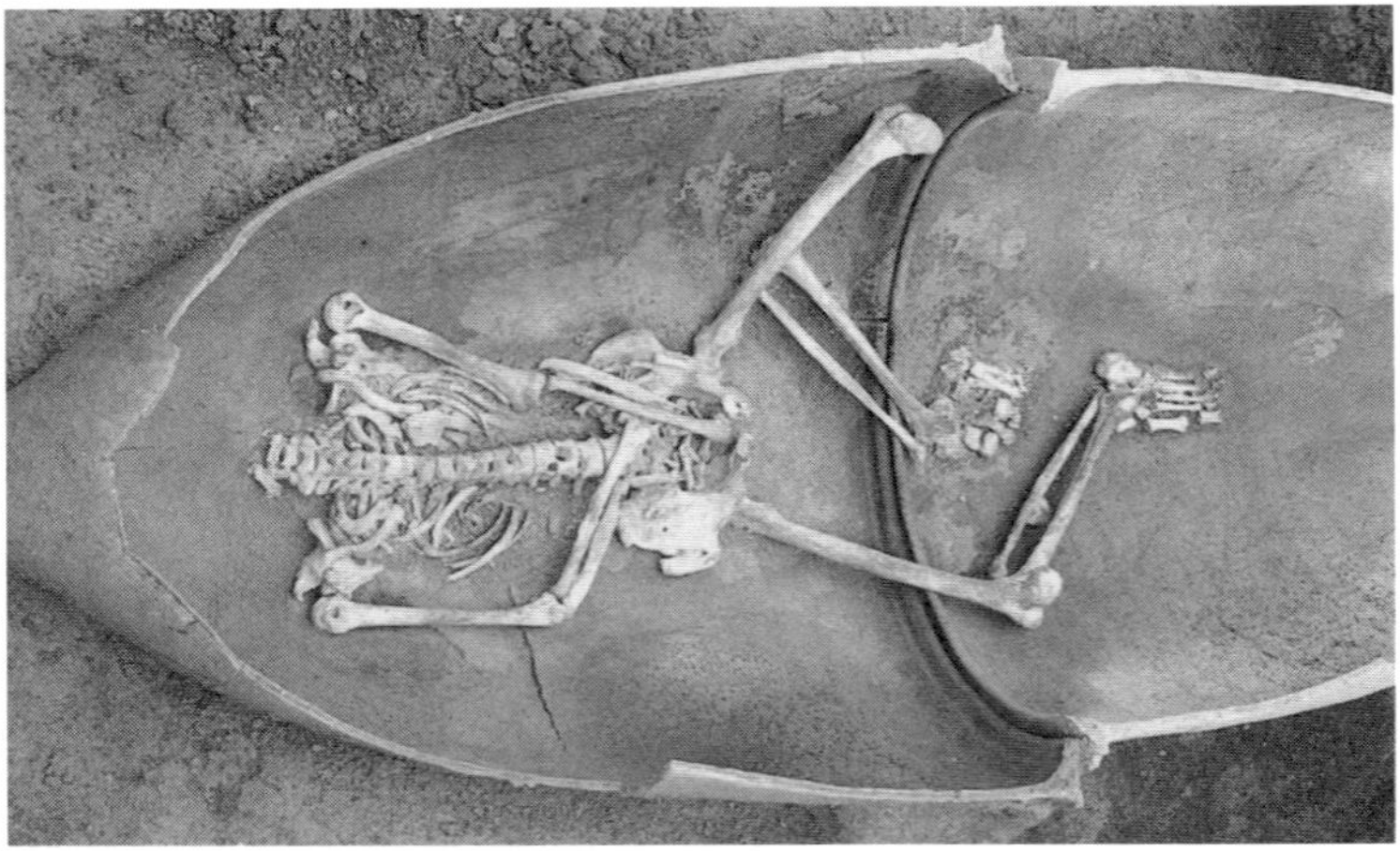

図10　首のない人骨

ても明白であるが、甕棺から出土する多くの犠牲者は弥生時代中期に属するものであった。

このように、甕棺墓は長期間土中に埋まっているにもかかわらず、堅牢な素焼きの土器によって内部の空間が保たれることが多いために、遺骨のみならず剣・矛・戈・鏡などの青銅器や、刀・剣・矛・戈などの鉄器、絹や大麻の衣類、各種玉類・腕輪などのアクセサリーなど多種多様な遺物の保存を可能にしている。それにより弥生人の特徴や源流、当時の生活や技術、交流、宗教観、被葬者の生前の身分や階層差など、弥生時代の社会・文化を知るための数多くの情報を与えてくれるのである。

ちなみに、弥生時代墓地の発掘は現在も継続しており、墳墓の数は平成十七年三月現在、甕棺墓約二八九〇基以上、土壙墓約三七〇基以上、箱式石棺墓一四基など三三〇〇基に迫る勢いである。

図11　墳丘墓

墳丘墓の発掘

弥生時代墓地のなかでとくに注目されたのが巨大な墳丘墓（図11、12）であった。調査途中で知事の保存表明があったため、調査は墳丘盛土の調査およびそのトレンチ（試し掘りの溝）にかかった甕棺墓の調査のみで終了したが、内部の甕棺墓から把頭飾付き有柄細形銅剣をはじめとする五点の細形銅剣やガラス製管玉を多数発見するなどして、大いに注目された。

吉野ヶ里遺跡が話題になる直前の二月の中旬、環壕集落の北約四〇〇メートル、最後まで調査の手がついていなかった小山にトレンチを設けて、この丘が何であるのかを調査し、残り少なくなった調査期限のなかで全体の調査計画を立てる必要があったのである。地元の人びとはこの小山を「城」とよんでいたので、戦国時代の山城関係の遺構、あるいは古墳時代の円墳ではなかろうかと思いなが

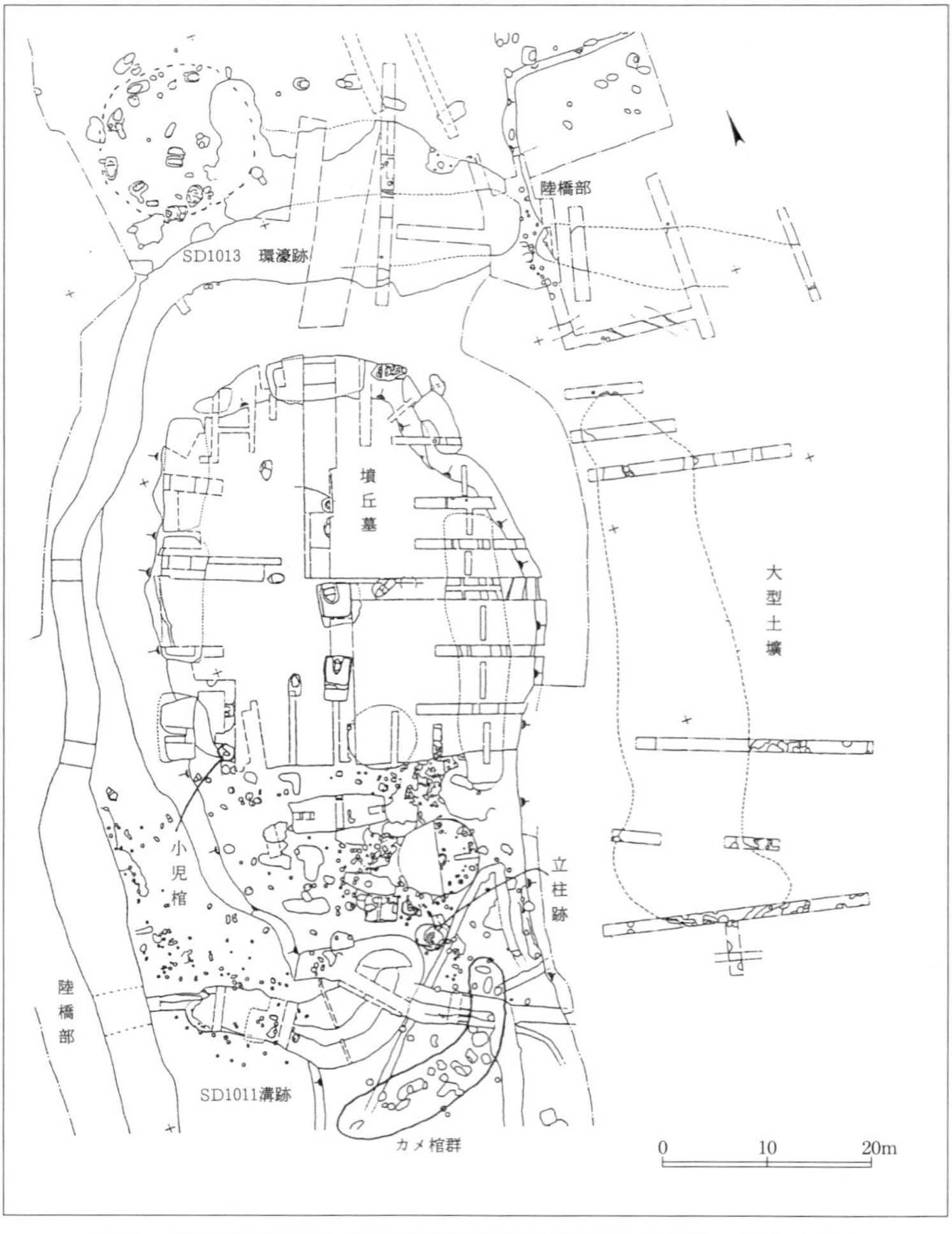

図12 墳丘墓実測図（佐賀県教育委員会1992『吉野ヶ里』より）

らの確認調査であった。調査を始めてまもなく、盛り土のなかから出土したのは甕棺だった。体が震えてしばらく声が出なかったが、感動のなかでまもなく我に返り、多くの時間を費やすことが明らかな墳丘墓の発掘によって、期限までに全体の調査を終了させることは無理だということが明白になった。弥生時代の首長の墓とされる墳丘墓の発見であった。

墳丘墓は、吉野ヶ里丘陵地区V区の尾根の最高所に位置し、南と北の甕棺墓群とは距離をおいて存在する。発掘調査は、墳丘の断面調査と、トレンチにかかった甕棺墓および表面に露出していた甕棺墓を対象に実施したが、工業団地にともなう平成元年の調査では、墳丘墓の全体規模や形状を確実に把握できていない。規模は南北約四〇メートル、東西約二六メートルの、平面隅丸長方形か、長方形の四隅を切り落としたような形態であったものと推定されたが、周囲は中世の溝状遺構で破壊され、さらに、一九五四、五五（昭和二十九、三十）年以来の開墾によって墳丘の裾部が削り取られているため、墳形の確認を困難にしている。

墳丘は、中期初頭あるいは前葉まで存在した竪穴住居数軒を一挙に埋めた後、黒色土系の土を一メートル前後盛って上部を平坦にし、さらにその上に、白色や黄色系の粘土やローム、褐色系、黒色系の土など、さまざまな土をいく層にもつき固めた版築様の盛土によって築かれている。版築様の盛土による墳丘の構築は、まず土を叩き締めながら小山をいくつか築き、次にそれら小山の間を同様な技法で水平に埋め、さらに、その上に小山を築いて、小山の間をふたたび水平に埋めるという工法がくり返しとられていたものと考えられる。これらの小山が個々の埋葬にともなうものか、単に墳丘構築の工程を示すものかはかならずしも明らか

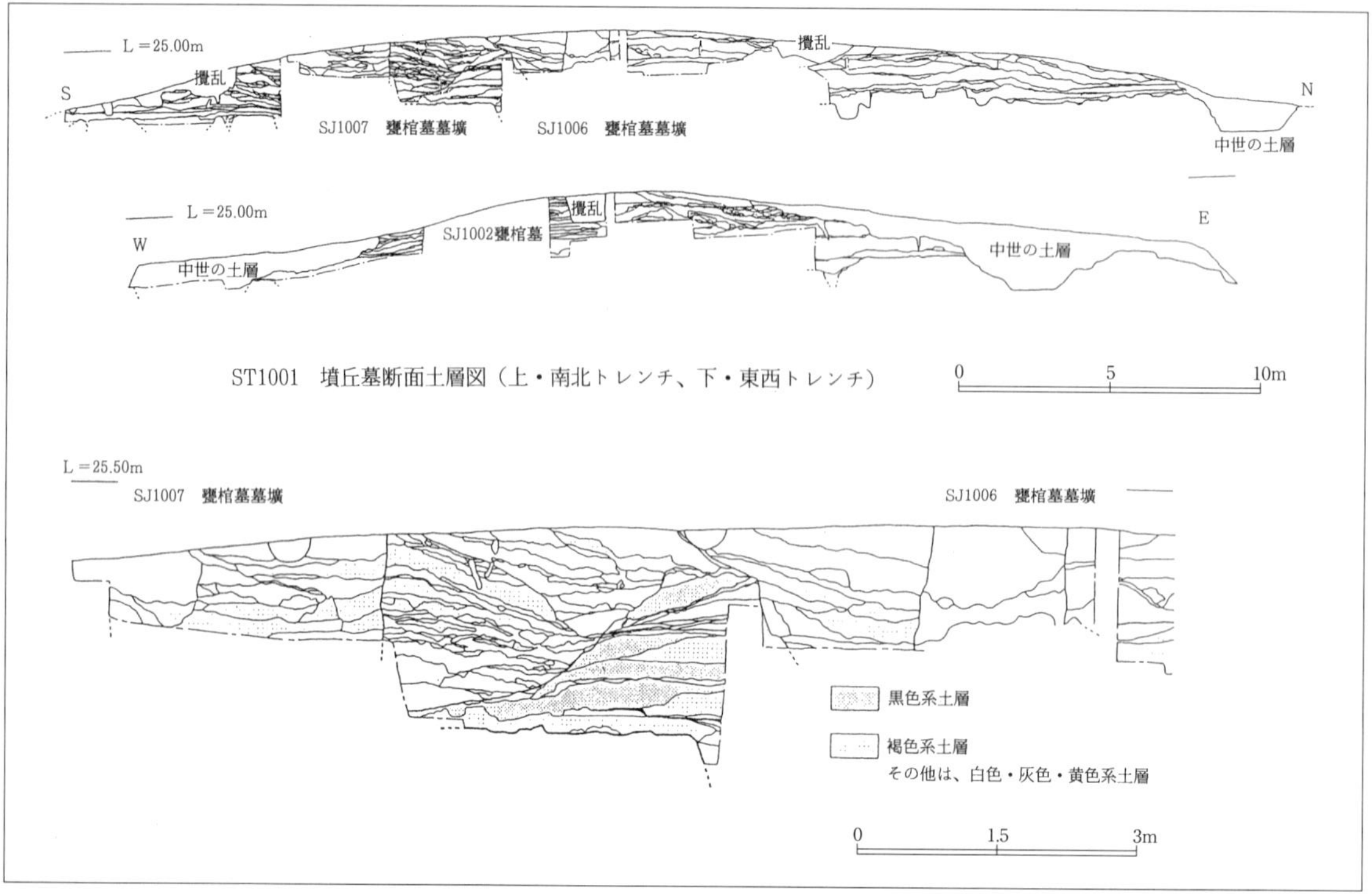

図13 墳丘墓南北トレンチ（SJ1006・SJ1007）甕棺墓周辺断面土層図（佐賀県教育委員会1992『吉野ヶ里』より）

になっていない。しかし、墳丘盛土内でこれまで確認された七基の甕棺墓の墓壙は、すべて上部から掘り込まれていることなどから、この小山は単に工程を示している可能性がつよいものと考えられる。昭和の開墾に立ち会った人の証言や、甕棺の遺存状態などから、墳丘の高さは元来四、五《メートル》程度であったものと推測された。

墳丘の盛土内からは七基の甕棺墓を検出したが、いずれも甕と甕を組み合わせた大型棺であった。甕棺を埋置し終わって土を埋め戻す際に、墳丘構築の場合と同様に叩き締めながら埋めたらしいことが版築様のその断面から観察でき、ほとんどの甕棺が、その段階ですでに破壊された可能性もある。時期的には、中央部に位置するＳＪ一〇〇六甕棺墓が最も古く、中期前半の汲田式期の新しい段階のものと考えられ、最も新しいものは、その西に位置する立岩式に近い須玖式期のＳＪ一〇〇二甕棺墓である。ＳＪ一〇〇六甕棺墓の周囲に順次放射状に埋置されていったものと考えられる。

これら七基の甕棺墓のうち、棺内に開墾時のものと考えられる土が入っていたＳＪ一〇〇四甕棺墓と、まだ完全に発掘を終了していないＳＪ一〇〇三甕棺墓以外の五基の棺内からは、副葬品などの遺物を出土した。いずれの甕棺からも細形銅剣（ＳＪ一〇〇七甕棺墓からは青銅製把頭飾も出土）が出土したが、ＳＪ一〇〇二甕棺墓出土の細形銅剣は把頭飾付きのものであった。また、この甕棺からはガラス製管玉七九点も出土した（図14、15）。このほかに、ＳＪ一〇〇七甕棺墓からは人の歯が、ＳＪ一〇〇六甕棺墓からは頭骨片と上肢骨片が出土したが、長崎大学医学部の松下孝幸助教授や分部哲秋講師の現地での観察によると、いずれも壮年の男性であるらしいということであっ

図14　有柄銅剣と管玉の出土状況（SJ1002）

た。
　これら七基の甕棺墓は、すべて甕棺の内外面に黒色塗料が塗布されており、ＳＪ一〇〇三・ＳＪ一〇〇七甕棺墓を除くすべての甕棺の内部に硫化水銀と考えられる赤色顔料が確認された。また、

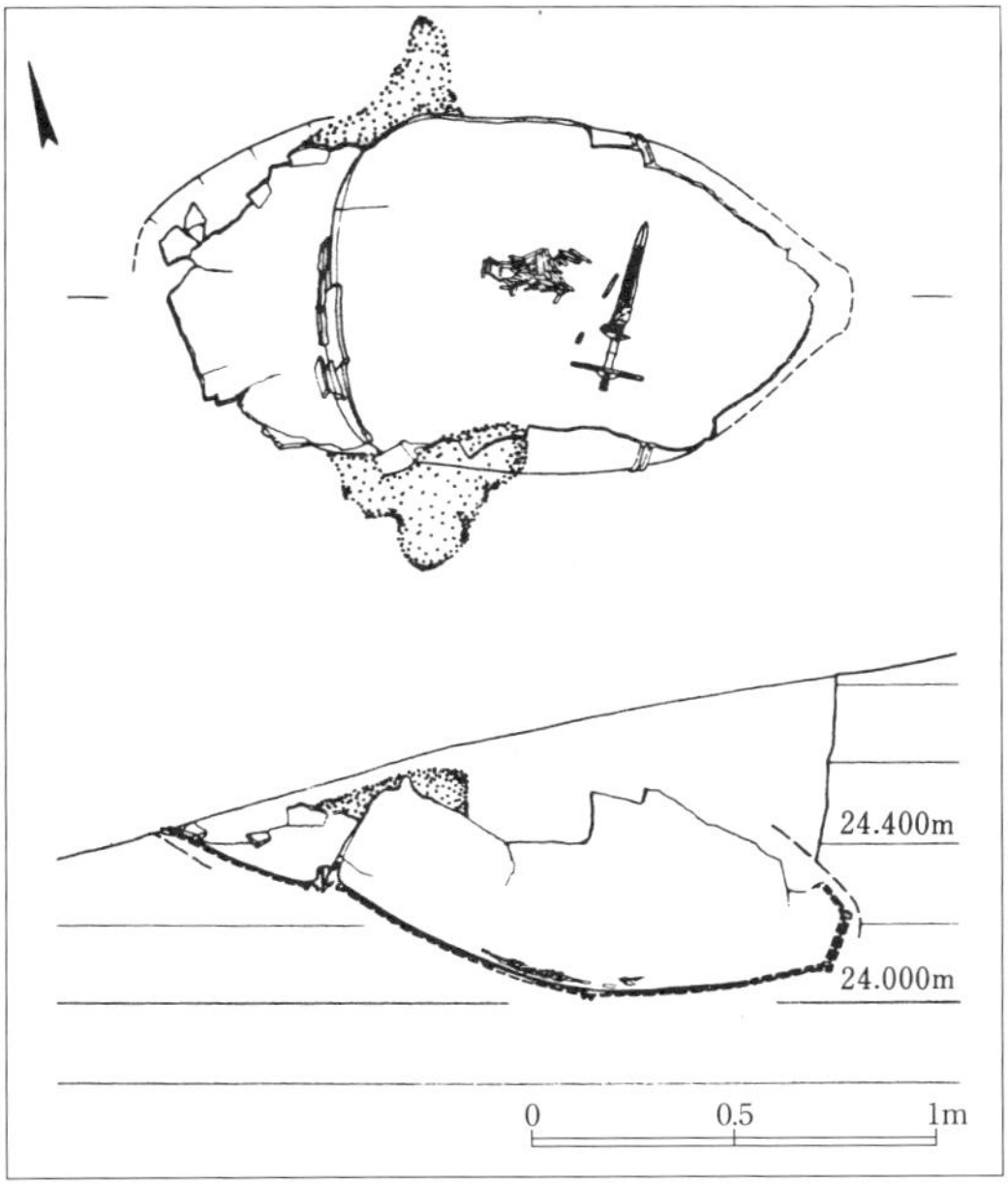

図15　甕棺墓SJ1002の実測図（佐賀県教育委員会1992『吉野ヶ里』より）

これらの甕棺墓に使用された甕棺は法量が大きいものが多いが、とくにＳＪ一〇〇六甕棺墓の上下の甕と、ＳＪ一〇〇七甕棺墓の下甕は、器高一二五㌢、口外径約八〇㌢～九〇㌢と特大であり、墳丘墓の被葬者のために特別に製作されたものと考えられた。

　この墳丘墓に付随する遺構も多く検出された。西側から墳丘南面に通じる墓道と考えられる溝跡のほか、この墓道から墳丘南のフラットな面に上がった部分の南側に存在する一個の柱穴、一九八九年の確認調査によって、墳丘東方で発見された祭祀土壙らしい南北約五〇㍍の大規模な土壙などである。墓道と考えられる溝跡は、最大幅七・五㍍（深さは二・〇㍍遺存）の規模で、環壕跡の部分から長さ二七㍍ある。溝跡内からは、丹塗の筒形器台や高坏、広口壺、甕などの土器群と、

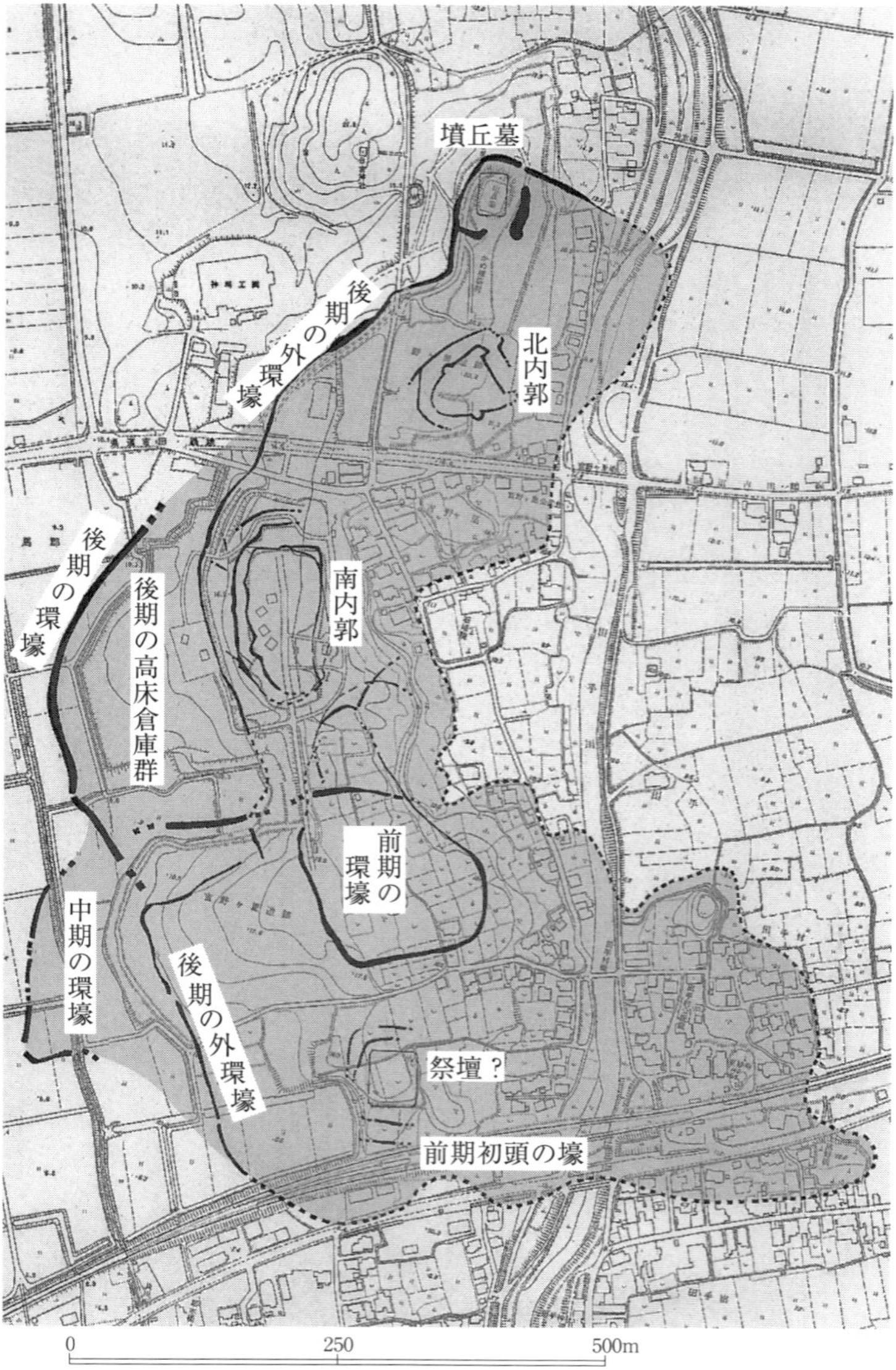

図16　吉野ヶ里遺跡環壕集落の範囲（佐賀県教育委員会2003『弥生時代の吉野ヶ里』より）

枝がついたままの細い木の棒数本分が出土し、大型土壙内からは丹塗の祭祀用と考えられる土器多数を含む中期後半から後期後半の長期間にかけての多量の土器が出土した。この大型土壙は元来墳丘盛土のための土取り場と考えられるが、出土品の特徴などから墳丘墓に対する祭祀に用いられた器物を廃棄しつづけた場所であった可能性がつよい。

(二) 大環壕集落跡と周辺の集落跡の発掘

墓地の発掘と同時に、弥生時代の集落の発掘も進行していった。志波屋四の坪地区の丘陵上では、弥生時代中期から後期にかけての大規模な墓地跡とともに前期から後期にかけての集落跡、志波屋三の坪乙地区では、弥生時代前期から中期にかけての小規模な集落跡とこの集落が営んだと考えられる墓地跡を発掘した。また、吉野ヶ里地区Ⅰ区では弥生時代後期の大規模な壕跡が発掘され、環壕集落が存在する可能性をうかがわせた。

弥生時代の集落跡

志波屋四の坪地区では、丘陵の上で弥生時代前期から中期初頭と後期の竪穴住居跡二七基・貯蔵穴(穴倉)一三基などを確認したが、後期の竪穴住居跡と掘立柱建物跡は大半が後期後半から終末期に属するもので、南内郭一帯で後期後半以降に内郭の外側から建物が存在しなくなることとの関係を示唆しているようである。竪穴住居跡は平面形態が円形で、中央部に炉状の穴とその両側に一対の柱穴をもつ「松菊里型《しょうきくりがた》」(韓国の扶余松菊里遺跡の竪穴住居跡と同じ形態、図17)とよばれるものがほとんどであり、周辺に四〜八個の柱穴を平面円形にめぐらせている。貯蔵穴は、竪穴住居跡群の内部にもいくつか存在するものの、ほとんどのものは住居群の周辺に分布する。平面円形で断面フラス

図17　松菊里型住居跡

コ状を基本とする玄界灘沿岸地方のものとは違って平面長方形のものが多い。

志波屋三の坪乙地区では、弥生時代前期から中期にかけての竪穴住居跡一一基・貯蔵穴跡八基がまとまって発掘され、この集落の南に区域を分けて営まれた甕棺墓三三基を営んだ集落と考えられた。竪穴住居跡は、独立低丘陵の尾根から東緩斜面にかけての径約五〇メートルの範囲に存在する。とくに、貯蔵穴跡出土の土器は前期前半にさかのぼるものもあり、志波屋四の坪地区南部とともに、この地区でも弥生時代前期前半のうちに集落が形成されたことが知れる。志波屋六の坪乙地区では、おもに後期の弥生時代の竪穴住居跡一〇三基（前期末～中期初頭と古墳時代初期のものを少数含む）・掘立柱建物跡三一基などが発掘された。弥生時代の集落は後期を主体とするもので、吉野ヶ里丘陵地区Ⅲ区から吉野ヶ里地区Ⅴ区にかけてしだいに明らかになりつつあった後期の環壕集落中心部の状況と比較して、環壕をもたない点、竪穴住居跡と高床倉庫の構造と配置関係、鉄製農工具を少数しかもたない点など、明らかに性格を異にしていることが判明した。

田手二本黒木地区Ⅱ区の丘陵上では　弥生時代前期末から後期の竪穴住居跡二一基・後期の掘立柱建物跡一基・前期末から中期前半の貯蔵穴や土壙約二〇〇基・中期初頭から中期中頃の甕棺墓約七〇基・石蓋土壙墓一基・祭祀土壙三基・前期から後期の溝（壕）跡一〇条などを発掘した。溝跡のうち、尾根上を取り囲むようにめぐる溝跡は、弥生時代前期前半のうちには掘削されたもので、前期末までに埋没したことが判明し、丘陵裾部をめぐる溝跡は中期後半に掘削され、後期まで存続したものと判明した。前者は前期の集落または貯蔵穴群を囲む環壕と考えられ、後者は北の吉野ヶ里地区Ｖ区から吉野ヶ里丘陵地区Ｖ区にかけて掘削された大規模な壕へと連続するもので、この壕は田手二本黒木地区の調査の所見から、後期初頭には掘削され後期終末期まで存続したものと推定された。また、丘陵上で発掘された中期中頃までの貯蔵穴跡群からは、丘陵裾部から水田部にかけて一九八一、八二（昭和五十六、五十七）年の発掘調査で発見された中期後半の掘立柱建物跡群の存在を考慮すれば、弥生時代中期中頃から中期後半にかけての時期に、穀物貯蔵のための倉庫が、貯蔵穴から掘立柱建物の高床倉庫へと変化したと考えることができる。

後期の大規模環壕集落

一九八八（昭和六十三）年の一月から吉野ヶ里地区Ⅰ区の調査に取りかかったが、一〇〇基近い甕棺墓群のそばからいきなり出現したのが弥生時代の大規模な溝跡であった。遺存状態がよくなかったが、よい部分で幅が四・七メートル、深さが二・九メートルある。この年には延長一〇〇メートルの区間を発掘した。断面がアルファベットのV文字に似ているのでわれわれは通常V字溝とよんでいるが、ローム層に掘り込まれた壁は切り立っている。

溝のなかには埋まった土よりも多いくらいの量の土器片が存在し、周辺に居住していた人口の多さを示唆しているようであった。中期のものも混じってはいるものの、土器の大半は後期のものであった。また、溝を埋めている土の土層断面調査によると、溝をつくるときに掘り上げたと考えられるローム質の土が、集落の外と考えられる低い位置からも多くが流れ込んでいることがわかり、溝の外側を土塁状の高まりで囲んでいたらしいことも判明した。翌年にはこの地区の北に接する吉野ヶ里丘陵地区Ⅱ区の発掘を行ったが、三〇〇基以上の甕棺墓や土壙墓・木棺墓とともに、先の大溝の延長部分が現れた。上部を一メートルほど削平されているようであったが、幅六・五メートル、深さ三メートル以上の大規模なものであった。この発掘で、この大溝の総延長は約二〇〇メートルとなった。

ところで、現在のわれわれの発掘は金属製のスコップを用い、足場となる道板をわたしバケツで土を運び上げるのだが、一日に二メートル進めば上出来であるので、木製の鋤や鍬を用いての当時の作業は困難を極めたに違いない。集落全体の造営計画を立案し、多くの労働力を確保し、実際に工事を統括指揮する人物の存在なしには、できる仕事ではないことは明白である。

この大溝は北へ南へとまだまだ延びる勢いで、もしかしたら吉野ヶ里の丘をすっぽりと囲むとてつもない規模のものであり、出土する土器の量からみても巨大な環壕集落の存在を予期させるものであった。

前期

後期

図18　環壕跡

一九八八（昭和六十三）年の後半になると、ほかの地区の弥生時代集落や、奈良時代の建物群などの調査を終えて、調査員と作業員の大半は吉野ヶ里丘陵地区Ⅲ区・吉野ヶ里地区Ⅴ区の現在南内郭とよんでいる部分へ結集した。前年のうちに丘の上で小規模な環壕集落のものらしい溝跡を発掘していたのだが、いよいよ全体を調査できる体制が整ったのである。調査が進むにつれて、竪穴住居跡や、高床の倉庫と考えられる掘立柱建物跡の数もしだいに増加し、丘の上の溝跡や丘の麓を走る大規模な溝跡もさらに延びていく状況であった。丘の麓の溝跡は前年までに発掘していた吉野ヶ里地区Ⅰ区や吉野ヶ里丘陵地区Ⅱ区の大規模な溝跡の南への延長ということが判明し、総延長はすでに四五〇《メートル》を越えていた。丘の上の溝跡も、丘の上を囲んでいるようであり、吉野ヶ里遺跡のこの地区の集落が、弥生集落の典型とされる環壕集落の体裁を整えた集落であったものと考えられた。北部九州の多くの例と同じく、吉野ヶ里遺跡の場合、溝跡は丘の上や麓に掘られており、高低差が大きく、水が溜まった痕跡もほとんどない空壕であった。丘の麓を走る環壕を外壕とよび、内部の丘の上に掘られた小規模な環壕を内壕とよぶことにした。

秋になる頃には遺跡の全体像がほぼ見えてきた。外壕の内側では、内壕周辺を中心にして一〇〇基あまりの竪穴住居跡が、外壕の外側には、高床倉庫跡と考えられる掘立柱建物跡二〇基以上が確認されていた。大半のものが弥生時代後期のものである。ほかにも弥生時代の甕棺墓群や、古墳時代から奈良・平安時代、中世の竪穴住居跡や掘立柱建物跡、井戸跡、山城関係の空壕や道路跡などが多数発掘され、足の踏み場もないほどの遺構の密集度である。ただ、丘の頂部の一部には開墾のためか、まったく遺構が存在しない部分もあった。

低地の遺跡の場合は、土の堆積に従って下層に古い時代の遺跡が、上層に新しい時代の遺跡が存在するが、丘陵上に位置する吉野ヶ里遺跡の場合、土の堆積はみられず、あらゆる時代の遺跡が一挙に発掘されるのである。竪穴住居跡や甕棺墓、溝跡など過去の構造物の痕跡を遺構とよんでいるが、もともと住居跡があったところに新たに掘り込まれた住居があれば、平面的に切り合い（重複）関係が識別できる。この遺構同士の切り合い関係と出土する遺物などから、それぞれの遺構の新旧関係と年代を割り出す。遺物のなかで実年代が判明するものに、中国製の銅鏡や銅貨などがあるが、年代割り出しにもっとも利用されるのが土器の形態変化である。現在われわれが使用する物は時間の推移とともに形態変化をくり返すが、土器の場合も比較的短期間で形態を変化させている。製作技術の発達による形態変化や機能に適した形態変化であるが、他地域の形の違う土器の影響も受けての変化であった。

吉野ヶ里遺跡の施設の種類

吉野ヶ里の弥生時代集落には、施設として竪穴住居跡や貯蔵穴（穴倉）跡、高床倉庫や高床住居、物見櫓などの掘立柱建物跡、環壕や溝跡、出入口の土橋跡と門跡、土壙とよばれる用途の不明な穴などが存在する。

竪穴住居とは、地面に一メートルほどの竪穴を掘り、掘り上げた土で周囲を囲み、屋根をかけたつくりの住居であるが、年代とともに形態が異なる。地方によってその形態はさまざまであるが、吉野ヶ里遺跡の場合、北部九州と同様、弥生時代前期から中期初頭にかけては平面円形で、中央に炉跡らしい穴がついており、柱は規模に応じて二本から

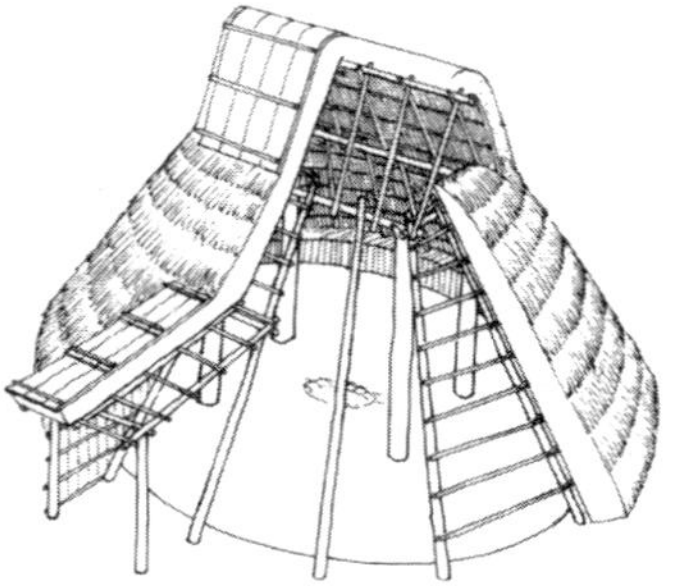

前期・中期

後期

図19　竪穴式住居（宮本長二郎氏原図）

一〇本前後あり、立体的には円錐形の住居であったものと考えられる（図19上）。中期後半には平面が楕円形になり、後期に入ると隅丸長方形に、さらにほとんどが平面長方形へと変化し、床の中央に炉が、壁際にはベッドとよんでいる一段高い床が数ヵ所ついている（図19下）。柱は二本あり、立体的には現在の家屋と同様、切り妻形あるいは寄せ棟形の屋根であったものと考えられる。周囲の地表に散乱している場合もあるが、住居を埋めつくしている土のなかには土器片などが埋まっており、住居が廃絶されるまで用いられていた土器やその他の遺物を発掘することができる。

　掘立柱建物（図20）は、柱を据えるための穴（柱穴）を掘り、柱を立て屋根を

図20　掘立柱建物（宮本長二郎氏原図）

設ける形式の建物であるが、床を地表より上につける場合は高床建物とよばれる。吉野ヶ里遺跡の外壕の外側で発掘された掘立柱建物跡は、高床式のものと考えられ、集落の内側に貯蔵施設である倉と考えられる建物跡がないところから高床倉庫（図21）であろうと推定した。北方の志波屋六の坪乙地区で発掘した竪穴住居跡約一〇〇基と高床倉庫跡と考えられる掘立柱建物跡三〇基以上からなる弥生時代後期の集落では、高床倉庫の平面規模は三メートル×四メートル規模のものがほとんどであったのに対し、極端に大規模のものが多かった。

　倉庫と考えられるもの以外の掘立柱建物跡もいくつか発掘された。内壕が半円形や方形に張り出した部分の内側の位置に存在する掘立柱建物跡は、確実なもので九カ所発掘されている。この建物跡は、壕との位置関係や高さのある掘立柱建物跡ということなどから、観るための高い建物、す

図21　復元された高床倉庫

図22　復元された物見櫓

図23　復元された南内郭

なわち物見櫓（「楼観」、図22）であろうと考えられた。

南内郭跡の発掘

後に南内郭《みなみないかく》とよんだ空間一帯は、発掘前までは畑地としての土地利用が盛んに行われており、とくに丘陵尾根一帯は遺構が存在しないほど削平が進んでいた。弥生時代前期から後期終末期の竪穴建物跡、弥生時代中期の甕棺墓・土壙墓、祭祀土壙、後期の環壕跡や溝跡、古墳時代初頭の竪穴建物や溝跡、前方後方墳、方形周溝墓、古墳時代後期の掘立柱建物跡、古代から中世にかけての土壙墓や壕（溝）跡などが発掘された。

丘陵尾根を囲む後期の内壕は、弥生時代後期中頃に成立（古段階）し後期後半に一度掘り替え（新段階）が行われていた。いびつな平面形態に掘削されていた古段階の南内郭環壕は南北約一五〇《メートル》、東西最大約七〇《メートル》の範囲（七八〇〇

図24　発掘当時の南内郭

〇平方メートル）を、新段階になると南北約一五〇メートル、東西最大約八五メートルの範囲（一一〇〇〇平方メートル）に拡大して長方形に近い平面形に掘り替えが行われている。新段階内環壕の出入口は東側の南寄りの部分に、二カ所の掘り残しの陸橋として存在するが、古段階の内環壕では掘削後に埋め戻して設けたらしい部分を一カ所確認（ほかに一カ所存在した可能性あり）している。古段階の内環壕跡と外環壕跡との間には北側から西側にかけて一条の壕跡を、新段階の内環壕跡の北側には東西に横切る壕跡を確認した。また、南内郭の南東に約三〇メートルの間隔をもって二時期の弧状の壕跡が確認されたが、集落の東谷部からの通路をさえぎるように設けられており、出入口を守る構えの施設と考えられる。

　外壕は元来断面V字形（図25）で、後期中頃に断面逆台形に掘り直されているのに対し、内壕は

図25　復元された外環壕跡

当初から断面逆台形となっている。内壕を埋めている土の断面調査から、壕を掘った際にその外側に土を掘り上げ、土壁を築いていたらしいことを確認した。土壁（土塁）は、中国式には土を盛るの意である城の字をあてるが、その上に柵を並べたら「城柵」になると考えられた。古段階の内壕跡には西側南寄りの位置に平面半円形の突出部が一カ所、新段階の内壕跡には東側の出入口の両側二カ所と、北側に一カ所、西側南寄りに一カ所で突出部が確認され、そのほとんどの内側で一間×二間（六本柱）の掘立柱建物跡が発掘された。

弥生時代の竪穴住居跡は約九五基確認されたが、時期別の内訳は前期末～中期初頭のもの六基、中期前半のもの一基、中期後半のもの二基、中期末～後期初頭のもの約一〇基、後期前半のもの約五〇基、後期後半～終末期のもの二五基前後であった。弥生時代の掘立柱建物跡は二〇数基存在するが、大半が後期に属するもので、後期前半～後半の古段階と考えられるもの三基、後期後半～終末期と考えられるもの一〇基、その他である。掘立柱建物跡のうち内壕跡突出部の内側に存在している五基は、環壕跡との位置関係や構造・柱規模などによって物見櫓の跡と考えられた。古段階内環壕にともなうものは一基、新段階内環壕にともなうものは四基であるが、新段階内環壕にともなう四基のうち、東の正門両側に位置するものは環壕突出部の正面に位置するが、北と西のものは突出部の正面から左にずらして設けられている。南内郭跡の掘立柱建物跡のなかには、古段階内環壕にともなう露台（ベランダ）がついたものも確認されたが、家屋文鏡に鋳出されたこの種の高床建物には衣笠が立てかけられており、きわめて階層の高い者の住まいであった可能性が高い。その他の掘立柱建物跡は、南内郭整備のための発掘資料の分析や平成十四年度に実施した南内郭北東部の再発掘調査によって確認した一間×一間（四本柱）の建物跡や小径の柱を多数用いた大型建物跡などであるが、これらは柱規模などから平地式の掘立柱建物と考えられた。

この南内郭跡内部からは竪穴住居を主体とする建物が多数発掘されたが、物見櫓を配置した環壕によって囲まれていること、内部から多数の鉄製品が出土すること、古段階の内環壕にともなう露台付き建物跡や同じ場所で確認された新段階内環壕の時期の溝に囲まれた竪穴住居跡群が存在することなどから、高階層の人びとの居住空間だと考えられた。

3　その後の発掘調査

遺跡保存が決定した直後である平成元年四月か

らの史跡指定準備のための範囲確認調査を皮切りに、現在も遺跡の広がりや内容を把握するための確認調査（文化庁補助事業）を継続している。また、平成八年度からは国営吉野ヶ里歴史公園整備にともなう発掘調査（国土交通省委託事業）や、国営公園と一体となって整備される県営公園の工事にともなう発掘調査（佐賀県県土づくり本部再配当事業）などを実施している。これらの調査は、とくに弥生時代に関する豊富な情報を提供しつづけている。それらのうちおもな調査成果は以下のとおりである。

（一）遺跡の範囲確認調査

知事の遺跡保存表明以来、遺跡を公園として活用するための確認調査を実施した。この調査は大報道直後の二月二十七日に高島忠平氏と私が文化庁へ事情説明に出向いた際に、河原純之主任文化財調査官からの指示もあり、補助事業として平成元年から二年にかけて実施したものである。

弥生時代前期と後期の環壕の延長を確認することに重点を置き、約一七〇カ所の小規模な調査区（トレンチ）を設けた。調査の結果、弥生時代前期の環壕跡は遺跡南部の丘陵尾根（田手二本黒木地区Ⅱ区～吉野ヶ里丘陵地区Ⅶ区）の東西約一五〇メートル、南北約二五〇メートル以上の二・五～三ヘクタールを、後期の環壕跡が丘陵のほぼ全体にあたる南北約一キロメートル（吉野ヶ里地区Ⅴ区～吉野ヶ里丘陵地区Ⅱ区～吉野ヶ里地区Ⅰ区～吉野ヶ里地区Ⅴ区～田手二本黒木地区Ⅱ区～田手一本黒木地区Ⅱ区）の約四〇ヘクタールを囲むらしいことが判明した。丘陵東側の確認調査では環壕跡を確認することはできなかったが、丘陵南部の現在の田手川左岸にあたる丘陵部の東で田手川の旧河道を確認し、後期の環壕集落は旧田手川によって東側を区画していた可能性を考えた。環壕集落内部の確認調査では、丘陵南部で、青銅器鋳造とかかわりのある遺構や、環壕集落北部に位置する墳丘墓と同様な盛土をもつ人工の丘などを確認した。

　青銅器鋳造関連遺構については平成四年度に再調査を実施した。幅約八メートル・長さ一八メートル以上の溝状の土壙が確認され、その北部からは四面に細形銅剣三と細形銅矛一の型が彫り込まれた鋳型一点、錫分が多い青銅片・鉱滓・炉壁らしい焼土片・炭化木片・灰などの青銅器鋳造関連遺物とともに、鋳造鉄斧側片を再利用した鉄鑿・青銅製素環頭付き鉄刀子・翡翠製勾玉・碧玉製管玉・ガラス製小玉、祭祀専用土器（イノシシ類の獣骨が入った壺も存在）などが出土した。また、土壙の南部からは表裏に細形銅矛の型が彫り込まれた鋳型一点が、南西そばに位置する盛土遺構の表土からは銅矛袋部の内型なども発見された。

　また、昭和六十三年度に実施した工業団地予定地内の弥生時代前期環壕跡の遺物整理中に確認した鞴羽口や取瓶らしい土製品、さらに平成十五年度の調査で前期環壕跡の延長部分から出土した鉱滓などから、吉野ヶ里遺跡においては弥生時代前期段階から青銅器が製作されていたことが確実になった。

　墳丘墓様の盛土遺構については、平成二年度の盛土遺構全体に十字形に設けたトレンチ調査によって、盛土の範囲は南北約四五メートル・東西約四八メートルで、高さ最大二・八メートル遺存していることが判明していた。盛土は、北方に位置する墳丘墓と同様、下部に存在した竪穴住居数基を一挙に埋め込んで施されている。平成十年度に表土を除去して面的な調査を実施したが、墳墓遺構は確認できなかった。しかし、とくに南東部においておびただしい数の壺や高坏など祭祀専用土器群が確認され、なかには有明海産の貝殻や鳥骨が充満した装飾壺などが存在することなどから、この人工の丘が祭祀にかかわる遺構ではないかとの推測を生んだ。

周辺の調査によって、弥生時代後期終末期に、この丘を取り囲むように溝（北から西にかけては二重）が設けられていたことが判明したが、南内郭跡や後に述べる北内郭など特別な意味をもつ空間がそれぞれ環壕によって囲まれる時期と共通しており、あるいは中期以降祭祀空間（祭壇）であったこの丘の周囲を環壕によって囲み、内部の性格づけを明確にした可能性もある。後の調査において、この丘と北内郭、さらに墳丘墓を結ぶ線上に弥生時代後期後半から終末期にかけての生活遺構が存在しないことも判明した。いずれにせよ、将来の本格調査がのぞまれる遺構の一つである。

（二）北内郭《きたないかく》跡の調査

工業団地計画では団地内緑地として保存される地域となっていた墳丘墓の南約一〇〇㍍の地域について、平成四年度から五年度にかけて内容確認のための調査を実施した。この地区のすぐ北までは、墳丘墓南からの甕棺墓の列埋葬が確認されており、この未調査地区の状況を把握するため、また、平成四年五月十三日に予定されていた天皇皇后両陛下の吉野ヶ里遺跡御視察の際に、この地区に存在が予期された甕棺墓群を御覧いただくべく調査を開始した。しかし、大方の予想を裏切って甕棺墓は出土せず、新たに二重に設けられた環壕跡が出土したのである。

この地区では弥生時代中期初頭以降の竪穴住居など集落関係の遺構が数多く確認されたが、調査開始当初から南内郭跡と同様に環壕の各所に突出部や、その内側で一間×二間（六本柱）の物見櫓跡と目される掘立柱建物跡を確認するにいたって、南内郭跡と同様な特定階層の居住空間に違いないと気持ちを昂ぶらせながら調査を進めた。調査の結果、弥生時代の遺構として竪穴住居跡七五基・掘立柱建物跡二五基以上・環壕跡・特殊な形態の出入口などが確認された。

竪穴住居跡は、時期が明らかなものとして前期のもの一基、中期初頭から中頃のもの一四基、中期後半のもの二基、後期中頃のもの五基、後期後半のもの三基、終末期のもの一〇基、さらに古墳時代初頭のもの三基があり、この空間が前期段階から一貫して弥生時代の全時期にわたって生活空間として利用されたことが理解される。同じ場所で弥生時代の全時期、さらに古墳時代初頭にわたって集落が営まれた吉野ヶ里遺跡唯一の場所である。

後期中頃から終末期にかけての時期には、この空間に断面が逆台形の環壕が設けられる。二重環壕跡のうち、内側の壕（図28）は幅・長さとも約六〇メートル（面積約二七五〇平方メートル）の平面A字形をなし、A字の両基部と側辺両側にそれぞれ平面コ字形と半円形の突出部が存在した。外側の壕も内環壕を相似形に大きくした平面A字形をなすが、弥生時代後期後半から終末期の間に掘り変えられており、古段階のものは長さ約一二〇メートル、幅推定九〇メートル、新段階のものは古段階の壕を利用する部分が多いが、西部で南に折れ曲がり長さ約九六メートルと小さくなっている。A字の両基部に平面コ字形の突出部とそれらの間の中央に幅広い緩やかな突出部が確認された。内側の環壕の内部で突出部をもつ壕の一部が確認されているので、古段階の内環壕が存在していた可能性がある。

古段階の外側の環濠南西部先端付近に陸橋となった出入口跡が、新段階に規模が小さくなった

図26　復元された北内郭

図27　発掘当時の北内郭

図28　復元された内環壕跡（北内郭跡）

この環濠にも南西部先端南寄りの部分に出入口が存在する。新段階の内環壕には南西部の先端付近に陸橋式の出入口が存在するが、外側の出入口と内側の出入口が左右にずらされており、その間には柱穴が並んでいた。この柱列は板塀などの仕切りのためのものと考えられるが、その結果平面方形の空間が設けられ、外側と内側の環壕によって囲まれた空間へ入ることができなくなっている。さらに内環壕を渡って内郭内部に容易に入れないように小さな柱を立て板塀を設けたらしいことを二列に存在する柱穴群が示していた。まさに、中世城郭の虎口と似た鍵形の出入口は、弥生時代の集落には類例をみない防御的な構造であった。

内側の環壕跡内部には、後期後半から終末期の時期に属すると考えられる遺構として、竪穴住居跡三基、掘立柱建物跡七基があり、南内郭跡とは違って掘立柱建物主体の集落であった。掘立柱建物は柱穴も大きく高床式と考えられるが、なかには一間×一間（六本柱）の母屋の南妻側に一間の露台が付く特別な住居と考えられるものや、径五〇センチの柱を用いた三間×三間（一六本総柱）の大型建物跡などが存在していた。この大型建物は東西一二・七メートル、南北一二・三メートルと弥生時代の掘立柱建物としては屈指の規模で、大径の柱を用いた総柱であることなどから高層建物と判断された。この建物の南北中軸線を北へ約一九五メートル延長した位置には、弥生時代中期前半に築造された墳丘墓の最古の甕棺墓が存在する。この線上の墳丘墓に近い位置には立柱跡と考えられる大きな柱穴や一間×二間の小規模な掘立柱建物跡が存在しており、さらにこの大型建物の中軸線を南に約六〇〇メートル延長した位置には祭壇と目される人工の盛土遺構が存在している（図53を参照）。

　北内郭跡のうち、A字形環壕中軸線の北東・南西への延長が夏至の日の出方向と冬至の日の入り方向と合致することと合わせ、吉野ヶ里集落の当時の世界観・宗教観を知る手がかりになるものと考えられる。内側の環壕跡とその外側の環壕の間には、南東部（A字形環壕基部）のみに数基の掘立柱建物跡が重複して存在していた。A字形の中軸線に近い部分であり、冬至・夏至の祭祀にかかわる建物であった可能性もあると考えている。

　大型建物の柱穴からは終末期の土器片が出土したので、底にまで終末期の土器が埋まっている内側やその外側の環壕と同時に存在したことは明らかである。これら環壕跡と重複して存在する竪穴住居跡から出土した土器の分析（切り合った環壕の土器との選別など）が今後必要であるが、環壕跡内の土器の時期が、埋まった時期ではなく、その時期までは環壕が管理されていたことを示すものと考えている。

また、環壕区画の北の外側では、大半が後期後半から終末期に属するものと考えられる一三基以上の掘立柱建物跡を確認した。大半のものが一間×一間と一間×二間（一間×三間のものが一基ある）の小規模なもので、環壕と軒を揃えて存在しているが、最も大規模なもので二四平方《メートル》、最も小規模なもので六・五平方《メートル》であった。

　北内郭跡でも、内環壕跡の発掘が一部であったにもかかわらず、環壕跡を中心として南内郭と同様に鉄器を多数出土した。鎌や摘み鎌、鋤先などの農具が四点、剣・鏃などの武器が三点存在するが、鉇や鑿・手斧といった工具は九点あり、木材加工用の工具であった。竪穴住居にくらべ多様な工具が必要な高床式の掘立柱建物が多く建築されたことを示すものと考えられる。

　北内郭跡区域では、中期から後期にかけての祭祀土器群や、古段階の内側の環壕跡突出部に新環壕を営む際の地鎮のために埋め込まれたと考えられる広形銅戈など祭祀関連遺物の出土が注目される。中期以降墳墓が入らない空間であること、北方の墳丘墓や南方の祭壇と目される丘との関係や、先に述べた北内郭の中軸線が夏至・冬至の太陽の方向と関係することなどと合わせ考えると、北内郭は祖霊や天に対する重要な祭祀空間であったと考えざるをえない。

（三）高床倉庫跡群の調査

　昭和六十三年度までの発掘調査と平成十年度・十一年度の確認調査によって、深く切り立った外環壕跡と西方の丘陵裾をめぐる壕跡に囲まれた南北約二〇〇《メートル》、東西約一五〇《メートル》の広大な範囲の平坦面で、弥生時代後期を中心とする多数の掘立柱建物跡群を主体とする遺構群を確認した。弥生時代中期の竪穴住居跡や甕棺墓少数とともに、後期前半から終末期にかけての掘立柱建物跡一〇〇基以上、弥生時代後期前半から終末期さらに古墳時代初頭にかけての竪穴住居跡四二基以上、弥生時代後期後半から終末期にかけての溝跡などの存在が明らかになった。

　南内郭西方の高床倉庫と考えられる掘立柱建物跡群は、後期後半から終末期にかけてのもの一〇〇基以上が少数の竪穴住居跡とともに存在していた。建物跡群は南内郭の西側そばを南北に走る外環壕跡と西方一五〇メートルの丘陵裾に存在する壕跡に囲まれた約三ヘクタールの空間のなかに存在する。建物跡はこの空間のなかで東部、北部、中部、南部の四カ所に群をなして存在する。外環壕と並行する溝跡との間の南北に細長い区域（第一群）とその北方（第二群）、中央部の湾曲する東西方向の区域（第三群）、さらに約二〇メートルの間隔をもった南方の区域（第四群）である。とくに第一群の建物群は大型建物が多く、一間×二間の建物跡は約一八平方メートル〜約二八平方メートル、一間×三間の建物は約二九平方メートルの規模である。北内郭北外側の高床倉庫跡群が少数であり、約二四平方メートルの一基を除くと面積が約六平方メートル〜一七平方メートルと小型であることと様相を異にする。北内郭北の倉庫群が北内郭と深い関係をもって存在するのに対して、南内郭西方の大倉庫群は分布範囲、棟数の多さなどから、集落全体あるいは吉野ヶ里集落を頂点とした地域社会全体の物資を集積したものと考えられる。

　第三群の建物跡群は棟方向を東西方向にとり東西細長く分布し、多数の建物跡が重複しており同じ位置での数回の建て替えが行われている。その東部に重複して存在する二間×二間の総柱建物跡（ＳＢ一三四〇建物跡）と二間×三間の総柱建物跡（ＳＢ一三七二建物跡）は重層建物と考えられるが、規模はそれぞれ三九・四平方メートルと三八・五平方《メートル》と大型の建物跡であった。倉庫以外の機能をもった特殊な構造の建物と考えられ、この一帯の施設群を管理するような重要な建物、たとえば中国城郭の市を管理する市楼（旗亭）のような機能が想定される。また、建物群の間には広場と考えられる遺構空白地が少なくとも四カ所存在し、中央建物群のなかには建物群を南北に二分するかのような道路状の空白が存在することも注目される（図64を参照）。

北部の建物跡群と中部の建物跡群の間、中部の建物跡群と南部の建物跡群の間には、広い空間が存在し、その空間のなかに存在する竪穴住居（住居）跡は、倉庫群とかかわりの深い建物であった可能性がつよい。また、弥生時代終末期から古墳時代初頭の竪穴住居跡も多く存在しているが、なかには一辺九《メートル》に近い古墳時代初頭の大型のものも二基存在する。この時期の竪穴住居跡からは、畿内・山陰系の土器が多数出土している。また、この時期には南内郭が存在した丘陵尾根には環壕埋没直後に前方後方墳四基や方形周溝墓などが築造されている。

（四）弥生時代前期・中期の環壕集落内の調査

工業団地計画にともなう発掘調査や平成元年・二年度の確認調査によって、弥生時代前期から中期にかけての吉野ヶ里集落の中心部が遺跡南部の丘陵上に存在したらしいことが推定されていた。平成十一年度から十五年度にかけて一帯の確認調査を実施したが、弥生時代前期環壕によって囲まれた丘陵頂部一帯に、前期から中期にわたる集落中心部が存在したことが明らかになった。

弥生時代前期の環壕によって囲まれた面積は、その後の確認調査や検討によって現状では約二・五《ヘクタール》と考えているが、その内部から前期末の土器を出土する竪穴住居跡がわずかに確認されたものの、数基の貯蔵穴を確認したにすぎない。環壕がはたして集落を防衛するための施設であったのかという疑問も存在する。しかし、環壕埋没の過程で、環壕の内外から廃棄された状態で土器片など多数の遺物が出土することなどから、内外に生活の場あるいは施設が存在した可能性が高い。

　中期初めには前期の環壕も埋没し、一帯で大規模な集落が営まれたことが明らかになった。南内郭跡の南約一〇〇メートルの東西から谷が入り込む丘陵鞍部を横切って設けられた中期の環壕跡の南に、弥生時代中期初頭から中期中頃にかけての多数の竪穴住居跡や貯蔵穴跡が確認された。弥生時代前期の環壕がほぼ埋没した後、その環壕区域を中心として多数の竪穴住居と少数の掘立柱建物跡、貯蔵穴群、小規模な甕棺墓地からなる集落が営まれたことを示している。約一万平方メートルの範囲の確認調査で、竪穴住居跡約八〇基・掘立柱建物跡二基・貯蔵穴跡二〇〇基以上・土壙多数などを確認しているが、一帯の丘陵上は後世の畑地開墾での削平がひどく、さらに多くの遺構が存在していたものと考えられる。竪穴住居跡の大半はいわゆる「松菊里型」とよばれる朝鮮半島由来の住居形態であり、一帯の竪穴住居跡や貯蔵穴跡・土壙からは朝鮮系無文土器が数多く出土するなど、環壕集落という集落形態を含め、弥生時代前半期には半島文化の色濃い内容が見て取ることができる。朝鮮系無文土器や半島系磨製石器群などとともに、半島系文化のひとつと考えられるものに青銅製環状製品がある。中期前半の竪穴住居跡内部の小穴から二点まとまって出土したもので、耳飾または指輪と考えられる。また、先に述べたように中期前半には、この集落跡の丘陵南西部付近に青銅器鋳造工房が設けられ、銅剣・銅矛などが製作されたことが明らかになっている。

この地域の西方にあたる田手二本黒木地区Ⅱ区の工業団地計画にともない昭和六十三年度に実施した発掘調査成果と総合してこの一帯の弥生時代中期の状況をみてみると、丘陵尾根に営まれた弥生時代前期環壕集落跡の内部一帯に、中期初頭以降多くの竪穴住居が営まれたことが明らかになり、この区域が弥生時代中期の吉野ヶ里集落の中心部だったことがわかった。貯蔵穴跡は竪穴住居跡周辺に存在するが、概して竪穴住居の周囲というより住居が存在しない集落内の空き地に多く分布する傾向が認められ、竪穴建物跡との数的比率は住居一に対し貯蔵穴三の割合であり、それぞれの竪穴住居に三基前後の貯蔵穴がともなっていたと考えられる。しかし、中期中頃には貯蔵施設としての貯蔵穴の数が減少しはじめる。

また、この集落中心部の西方（前期環壕跡西壕より以西）の緩斜面には、中期前半前後の貯蔵穴（図29）が一〇〇基前後存在することが工業団地計画にともなう発掘調査で明らかになっている。平面円形に配置された三つのグループを形成して営まれており、居住区内の貯蔵穴群とは別に、集団が管理する集落全体の倉庫群といった意味合いがつよいもので、たとえば柵状の施設によって囲まれた空間に貯蔵穴群を設け、まとめて集中管理していたとも考えられる。それらのそばには少数の竪穴住居跡も存在しており、倉の管理のための施設であった可能性も考えられる。

後期後半になると、中期中頃までの居住域に引きつづき竪穴住居群が営まれるが、貯蔵穴は姿を消し、替わって西方の丘陵裾部に掘立柱形式の高床倉庫が営まれる。それらは、河川に近い位置に集中して営まれており、貯蔵する穀物をはじめ、さまざまな産品が船によって運搬されるほど量が増加したことを示しているようである。弥生時代後期後半から終末期にかけて営まれた南内郭跡西方の高床倉庫と考えられる掘立柱建物跡群の立地状況と似かよっていることは注目される。

遺跡南部では弥生時代後期になると、丘陵西の裾部に、墳丘墓の北から南内郭西側へとつながる一連の大規模な環壕が掘削され、その内部に集落が営まれる。しかし、上記の弥生時代前期・中期の集落中心部と考えられる地域から竪穴建物が姿を消し、替わって西部の西から入りこむ谷を囲む区域と、祭壇と目される盛土遺構の東の丘陵緩斜面にかけての区域、すなわち前代まで居住区となっていた地域の周囲に、竪穴建物と高床倉庫からなる集落が形成される。あたかも、前期環壕によって囲まれていた区域に営まれた中期の集落中心部は広大な空閑地となったようである。

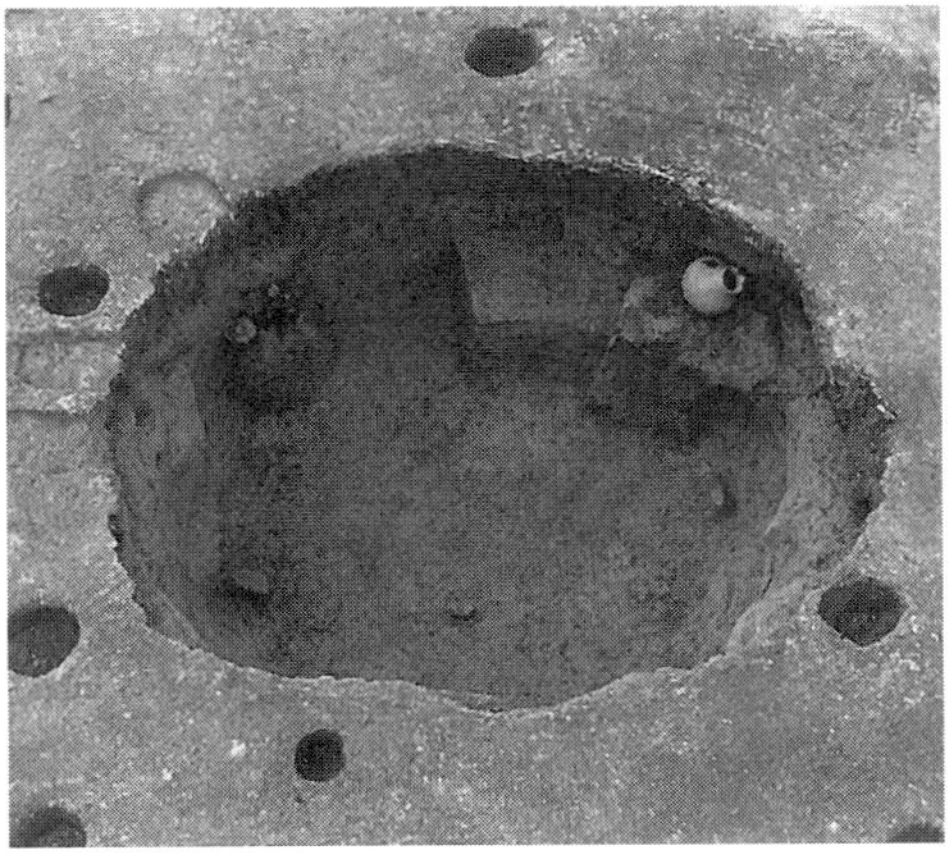

図29　貯蔵穴

（五）墳丘墓の再発掘と甕棺墓地の発掘

平成元年三月から八月にかけて調査を実施した墳丘墓は、遺跡の仮整備事業の一環として覆屋が設置され元年十一月に公開されたが、仮覆屋撤去後の平成四年度に全容を把握するための再調査を実施した。調査の結果、平成元年に確認された七基の甕棺墓に加え新たに七基の甕棺墓を確認し、大規模な墳丘墓には一四基の甕棺墓が営まれていたことが明らかになった。この調査で出土したすべての甕棺が、平成元年に出土した七基の甕棺同様、内外面黒塗りだったことも明らかになった。甕棺墓の配置は、最も古いＳＪ一〇〇六甕棺墓を中心として、その南からほぼ反時計まわりに順次営まれていることが判明した。

　墳丘の上部は開墾によって二メートル程度削り取られていたが、いずれの甕棺墓も墳丘盛土に切り込まれた状態で墓壙が掘られており、甕棺墓の配置が南北約二七メートル、東西約一五メートルの平面長方形の範囲内に存在し、深さが標高二三・一〜二四メートル前後であるので、ほぼ平面長方形の墳丘上面から掘りこまれてそれぞれの甕棺墓が埋葬されたと見ることができた。全体の規模は、盛土が遺存する範囲が南北三七・五メートル・東西二五・五メートルであることからみて、南北四〇メートル以上・東西三〇メートル弱であったものと考えられる。

　また、平成元年度の調査によって出土した七基の甕棺墓のうち、ＳＪ一〇〇五・一〇〇六・一〇〇九甕棺墓から細形銅剣がそれぞれ一点、ＳＪ一〇〇二甕棺墓から把頭飾《はとうしょく》付き有柄式細形銅剣《ゆうへいしきほそがたどうけん》一点とガラス製管玉七九点、ＳＪ一〇〇七甕棺墓から細形銅剣一点と青銅製把頭飾一点が出土していたが、再発掘によってＳＪ一〇五四・一〇五六甕棺墓から細形銅剣がそれぞれ一点、ＳＪ一〇五七甕棺墓から中細形銅剣一点と青銅製把頭飾一点が出土した。

　開墾による破壊によって欠失した副葬品が存在したらしいことは、戦後、墳丘墓の北側で採集された細形銅剣一点や、ＳＪ一〇〇五甕棺墓のそばからこの甕棺の破片とともに表土から出土した石製把頭飾一点・磨製石鏃一点などで容易に推定できる。いずれにせよ、墳丘墓内の甕棺墓一四基のうち七基から細形銅剣七点・中細形銅剣一点・青銅製把頭飾二点・ガラス製管玉七九点が出土したのである。現在までに確認した約二八五〇基の甕棺墓の大多数が高い身分を示す副葬品をともなわないのに対し、墳丘墓の多数の甕棺墓のみに銅剣などの副葬品が集中（図30）することは、大規模な土木工事によって築造された墳丘の存在とあわせ、強力な支配者階層が中期前半段階で確実に成立していたことを物語っている。

一般の集団墓地についても、工業団地計画にともなう発掘調査以降も部分的な調査を実施している。南内郭の南東約一〇〇《メートル》に位置する吉野ヶ里丘陵地区Ⅶ区の丘陵尾根では、平成三年度の調査で弥生時代前期末から中期前半の甕棺墓が一一八基確認され、この墓地が墳丘墓の南西約一七〇《メートル》の吉野ヶ里丘陵地区Ⅱ区を北端とし、この吉野ヶ里丘陵地区Ⅶ区を南端とする長さ四五〇《メートル》の長大な墓地であったことが確認された。なお、この墓地の北端近くでは昭和六十二年度の発掘調査で、二基の甕棺墓から貝製腕輪とともに多数の絹布と大麻布の破片が出土している。

平成五年度には、北内郭跡の調査と並行して、墳丘墓の南と北東に位置する吉野ヶ里地区Ｖ区の甕棺墓地二カ所の確認調査を実施した。墳丘墓の南では二二七基の弥生時代前期末から中期中頃の甕棺墓が帯状に配置された墓地であることが判明し、北東では弥生時代前期末から中期中頃の甕棺墓一三〇基などが確認されたが、墳丘墓に近い位置の甕棺墓群は径約三〇《メートル》の平面円形に配置された墓地で、そのほぼ中央に位置する中期初頭（城ノ越式）に属するＳＪ一七七七甕棺墓と中期前半に属するＳＪ一七六八甕棺墓から、人骨とともに絹布片が出土した。これらの絹布の詳細について

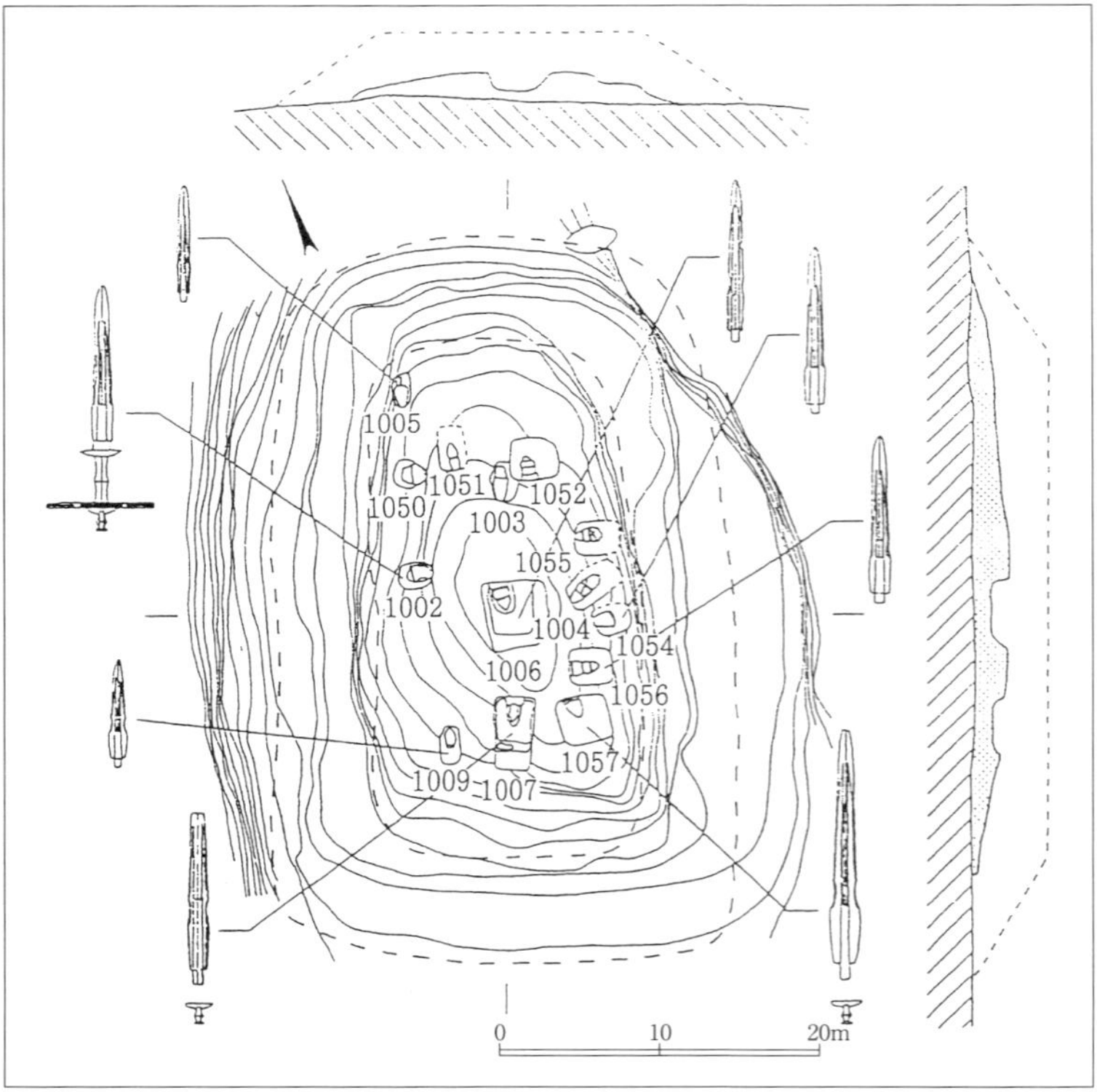

図30　墳丘墓と出土銅剣（波線は推定される墳丘）

は後に述べるが、絹の衣を着た被葬者が平面円形配置の中心に存在することなどから、特別な集団の墓地と考えられた。

一般墓地の調査でとくに注目されたのが、平成十六年度に実施された墳丘墓西に存在する日吉神社の北側の丘陵上（吉野ヶ里丘陵地区Ⅸ区）に存在する甕棺墓地の調査であった。南北約五五メートル、東西約四五メートル（一七四〇平方メートル）の調査区の確認調査で、尾根に沿って並ぶ甕棺墓列とそれから東南方向に派生した墓列、さらにそれらの墓群から広がった墓群など甕棺墓二七五基、土壙墓一八基、箱式石棺墓

図31　日吉神社北側出土の漢式鏡

三基を確認した。甕棺墓の時期は弥生時代中期初頭から後期前半にかけてのもので、最も高い尾根の近くには中期後半から後期初頭にかけての石蓋甕棺墓が南北に並んで営まれているが、いずれも大きく深い墓壙をもち、大きく厚い一枚の蓋石を用い、蓋石や甕棺内部、人骨顔面に朱を塗布するなど、特別な人びとを葬った墳墓と考えられる。

その一基、ＳＪ二七七五甕棺墓からは石蓋と甕棺口縁との間の目張り用粘土のなかから漢式鏡（連弧文銘帯鏡）一面が、棺内からは壮年女性人骨の両腕に着けられたままの状態のイモガイ製腕輪多数が発見された。銅鏡（図31）の出土は吉野ヶ里遺跡の甕棺墓からの初例であったが、直径七・四センチの小型鏡で、「久不相見、長毋相忘」（久しく相見えず、長く相忘る毋らんこと）という銘文が鋳出された良質のものであった。貝製腕輪は、右腕に二五個、左腕に一一個、計三六個の腕輪が両腕の前腕骨に着いたままの状態で出土（図32）したが、いずれも奄美大島以南で採取される「イモガイ」の貝殻でつくられたもので、右腕のものは縦型、左腕のものは横型とよばれる形が違うものであった。吉野ヶ里遺跡ではこれまでに、八基の甕棺墓から計二九個の貝製腕輪が出土していたが、一つの甕棺墓から出土した腕輪の数としては最多である。

ちなみに、国内で南海産貝製腕輪が最も多く出土した例としては、福岡県那珂川町安徳台遺跡の二号甕棺墓からの四三個（ゴホウラ製）、次いで福岡県筑紫野市隈西小田遺跡の二三号甕棺墓から

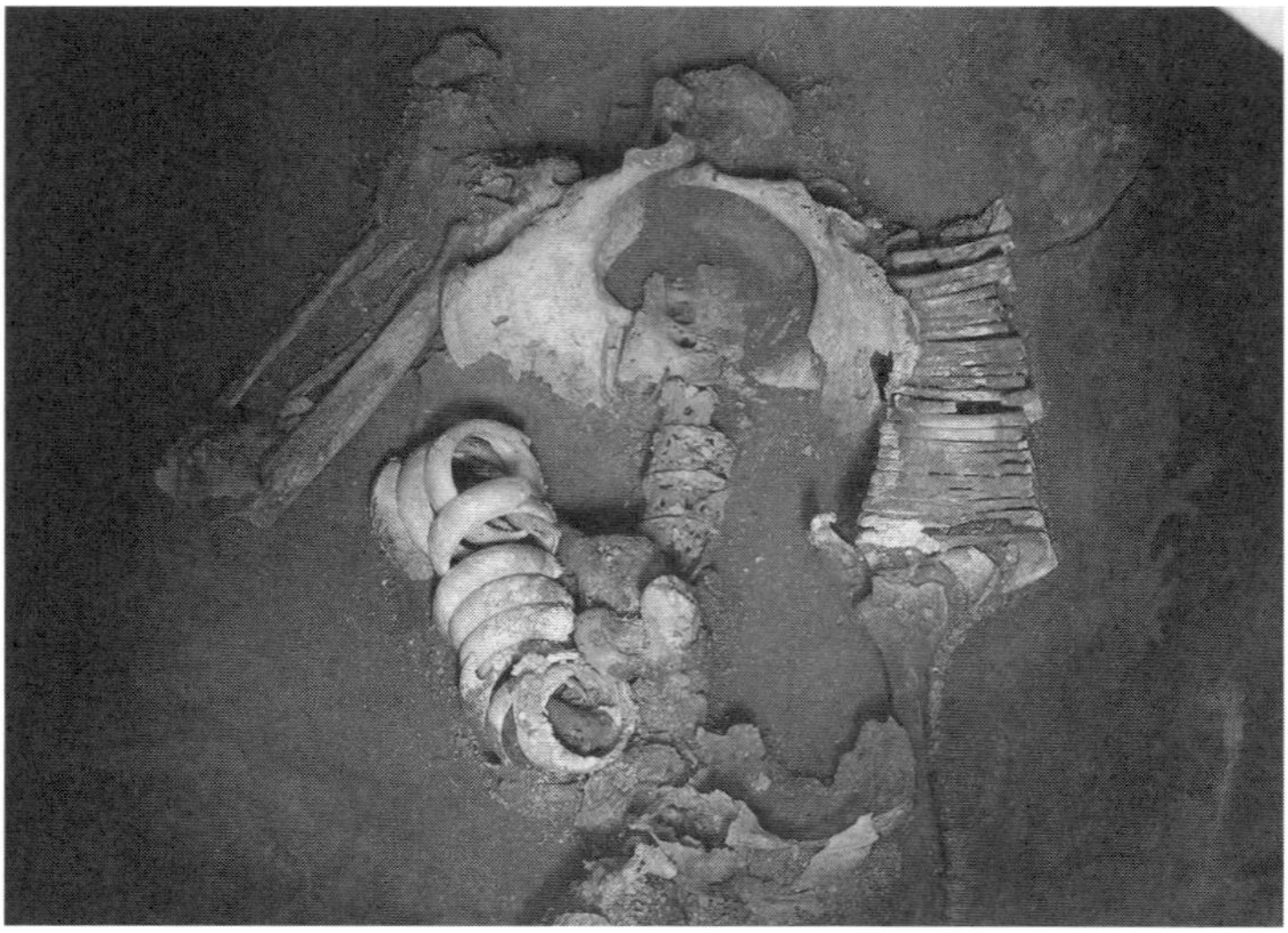

図32　腕輪をつけたまま銅鏡とともに出土した女性祭祀者（？）

出土した四一個（ゴホウラ製）があるが、佐賀県内ではこれまで神埼町花浦遺跡の甕棺墓から出土した二〇個（イモガイ製）が最多であった。南の島で採れる貝殻でつくられた真珠のような輝きを放つ多数の腕輪を身に着け、中国製の上質の銅鏡をもつという、弥生時代の国際交流を端的に物語る人物の発見であった。

　この墓地は、日吉神社の南から北方の丘陵上に営まれた全長が約六〇〇メートルつづく国内最大規模の墓地の一部であり、これまでの調査で貝製腕輪や玉類・刀子などの鉄製品をもつものもあったが、中国製銅鏡と貝製腕輪をもつ被葬者の階層や身分など、その人物の社会的立場、ひいては吉野ヶ里集落全体の社会構造を理解する資料として重要である。ちなみにこの甕棺墓地は、平成十六年度までに七カ所（計約三三〇メートル区間）の調査で甕棺墓一〇九六基・土壙墓一四二基・箱式石棺墓一一基など計一二四九基の弥生時代墳墓を確認している。おそらくこの墓地全域では二〇〇〇基を上回る数の墳墓が存在していたものと推定される。

（六）遺跡西側の水田部の調査

丘陵裾部から低地にかけての調査については、平成二年度の確認調査の際に東西裾部の数カ所に調査区を設け実施し、濠跡などを確認し、鼠返し・臼などの木製品などを発掘していたが、本格的に実施したのは平成七年度から平成十年度で、田手一本黒木地区Ⅱ区水田部の調査を皮切りに、田一本松地区、田手二本黒木地区Ⅰ区、吉野ヶ里地区Ⅴ区の地区を対象にした。南内郭跡や高床倉庫群の西方から南端にかけての水田部にトレンチを設けての確認調査であったが、新たな環壕跡の確認や多数の木製品を得るなど多くの成果を挙げた。

遺構としては、平成七年度に南端の田手一本黒木地区Ⅱ区で弥生時代後期の外環濠跡を、平成九年度から十年度にかけて田手二本黒木地区Ⅰ区（高床倉庫群南の谷部）から田一本松地区（さらに南西方）にかけて弥生時代中期の環濠跡を、平成九年度に吉野ヶ里地区Ⅵ区（南内郭跡西方の高床倉庫群の西）で倉庫群の西を区切る新たな弥生時代後期の濠跡を確認するなど、多くの事実が明らかになった。後期の外環濠跡は墳丘墓北から南へ連続する環壕の延長部分と考えられるが、低地であるため底は平らで水を湛えていたものと考えられ、濠跡内外から多数の木製品や木片を出土した。掘り残しの出入口（陸橋）跡を一カ所確認したが、後期の外環壕跡には墳丘墓北から丘陵西側のうち確認した延長約一二〇〇メートルの区間で七カ所の出入口が存在したことになる。中期の環濠跡は、丘陵上の中期集落中心部の北を画すると考え

図33　貨泉

られる壕跡の西への延長部分と考えられる。高床倉庫跡群南方の谷部南端に沿って確認され、西方の田一本松地区で南に大きく屈曲し、その南端で南東方向へ延びていた。この環濠も水を湛えていたものと考えられ、環濠跡内外から多数の木製品が出土した。

また、田一本松地区からは中国新時代に鋳造された銅貨「貨泉」（図33）を一点発見した。高床倉庫群の西の濠跡は幅が広く水を湛えたもので、倉庫群が存在する丘陵裾に沿って弧状に延び、南部には暗渠を設けて埋め込んだとみられる出入口が存在する。この濠跡の西方至近距離には南流する幅の広い河川跡（現在は貝川とよばれる幅の狭い河川となっている）が存在する。

これら以外にも、田手二本黒木地区Ⅱ区丘陵のすぐ西側の低地一帯では後期前半を中心とした溝跡を数条確認し、高床倉庫群跡南の谷部の北端では谷頭からの湧水を溜める池状の遺構を確認した。前者の溝跡の一つからは組合せ式の鉄斧の柄が出土したが、この木製柄の形態は、北朝鮮平壌周辺の楽浪漢人の墳墓から副葬品として出土する柄と同様である。

これまでは当時の道具について土器や石器・金属器など腐食しにくい遺物でしか知ることができなかったが、上記のように中期や後期の環濠跡から多数の木製品を発掘することができ（図34）、吉野ヶ里遺跡で用いられていた道具の全貌が明らかになった。一帯では二〇〇点以上の木製品が出土したが、鍬・鋤・鎌柄・臼・竪杵などの農具、斧柄や手斧柄などの工具、弓や木鏃などの武器・

図34　木製品の出土状況

狩猟具、柱・鼠返し・梯子・板材などの建築部材、矛や剣・戈などの武器形祭祀具や船形木製品、手網枠などの漁撈具、各種容器や杓子、履物など多種多様であった。一帯にはまだ多数の木製品が埋没していると考えられる。

（七）九州初の銅鐸の発掘

平成十年十一月十七日、吉野ヶ里遺跡は久々の興奮に包まれた。吉野ヶ里遺跡北部にある東脊振村大曲の辛上集落北方で、九州初の銅鐸が細川金也氏によって発見されたのである。彼が担当した奈良時代の寺院跡「辛上廃寺」一帯の確認調査を開始した矢先のことであった。新聞・テレビは「近畿地方を中心とした銅鐸文化圏の見直しを迫る発見」と大々的に報じた。

一帯は歴史公園の県営公園部分として「古代の森ゾーン」と称し、弥生時代の山麓から丘陵にかけての植生を復元し、宿泊施設などを設け各種体験が行える空間として整備することが計画されている区域であり、その設計の基礎資料を得るためのトレンチを設けての確認調査であった。その後数年間にわたって付近の確認調査を実施し、金堂跡や塔基壇跡・南門跡・僧房跡・築地跡など辛上廃寺の伽藍のほぼ全域を明らかにしたのだが、当初は銅鐸出土地点の詳細な調査と銅鐸そのものの調査にあたった。

現地調査の結果、銅鐸は、南東から北西へ入り込む埋没谷に掘り込まれた穴に、鈕を下方向にむけ、水平から約六〇度の角度で逆さに置かれており、銅鐸が埋納されたと判断された穴は径約三〇センチの平面円形で、深さは二六センチ残っていた。埋没谷は黒色粘質土が堆積していたため、トレンチ掘削用重機の運転手が同様な土質の表土と考えてさらに掘り下げていたバケットにひっかかって出土したもので、バケットの動く方向と銅鐸の傾斜方向が一致するので、あるいはさらに垂直に近い状態で埋納されていた可能性がある。

一帯の確認調査で弥生時代中期から後期終末期、さらには古墳時代初頭までの集落跡が存在していることが確認され、環壕らしい大規模な溝跡も発見されるなど、それまでの調査によって明らかになった弥生時代の吉野ヶ里集落の全容を知るために、将来詳細な調査を行う必要がある。

銅鐸は高さ二八・〇センチ、推定最大幅一七・三センチの「福田型（横帯文）銅鐸」で、発見当初、国立民族学博物館の佐原眞副館長に概要を報告したところ、「伝出雲銅鐸と同じようだ」との感想をいただいた。その後、明治大学大学院の北島大輔氏の協力を得て詳細に調査した結果、「伝出雲出土銅鐸」・「出雲木幡家伝世銅鐸」などとよばれていた銅鐸と同じ鋳型で鋳出された兄弟銅鐸であることが確実に認められた（図35）。吉野ヶ里銅鐸は、身の部分に綾杉文二条からなる横帯を三条めぐらせ、鈕内側に綾杉文、鈕外側から鰭全体に複合鋸歯文が施されているのに対し、出雲木幡家伝世銅鐸には横帯の間に邪視文・辟邪文などとよばれる目の表現や水鳥が鋳出されていることから、吉野ヶ里銅鐸が先に鋳造されたことがわかる。

吉野ヶ里銅鐸など福田型銅鐸には身の部分に型持孔がないのが通例であるのに対し、この出雲の銅鐸には存在する。おそらく、近畿地方からもたらされた銅鐸に習い、孔を穿ったものと考えられる。

図35　吉野ヶ里銅鐸（左）と出雲木幡家に伝わる銅鐸（右）

表2 吉野ヶ里遺跡発掘調査事業の歩み（面積は継続調査の場合はそれぞれの年度に加算）

年度	調査面積（㎡）	主な調査内容　その他
昭和57	トレンチ二二五箇所	確認調査（丘陵部）……吉野ヶ里遺跡調査会（実際は県教委担当）実施
60	トレンチ一二九箇所	確認調査（水田部）……吉野ヶ里遺跡調査会（実際は三田川町教委担当）実施
61	約一〇〇〇〇〇	北部の大規模甕棺墓地、同奈良時代官衙跡の調査、弥生時代後期の大規模環壕の一部確認
62	約一一〇〇〇〇	弥生時代後期の大規模環壕の一部確認、その他弥生時代を中心とした集落・墓地跡を調査
63	約九〇〇〇〇	南部で大規模集落跡を調査、約四〇㌶規模であることが判明。大規模な墳丘墓を確認、有柄式銅剣やガラス管玉などの貴重な文物が出土し保存問題が急浮上。
平成元	三七八〇	環壕集落の範囲をほぼ確定。
2	二九四〇	環壕集落の範囲が四〇㌶以上と確定。青銅器工房の確認。丘陵南にも墳丘墓らしい盛土遺構の存在を確認。
3	一二〇〇	南内郭南方にも甕棺墓群の存在を確認。
4	六一〇〇	特別な空間である北内郭跡の確認。北墳丘墓の再発掘で新たに七基の甕棺が発掘され、三本の銅剣と青銅製把頭飾が出土。
5	八二〇〇	北内郭跡の調査で、弥生時代後期終末期の国内屈指の大型建物跡を確認。
6	二四〇〇	弥生時代中期の大規模環壕跡と出入口部を発見。
7	三四一〇	南部で弥生時代の木製品（農具・工具・容器・祭祀具・建築部材など）が多数出土。
8	四三〇〇	南部・西部で多数の木製品が出土。中には楽浪郡から渡来したらしい木製斧柄も含まれる。南部西側水田部にトレンチを設け、土壌の花粉分析・プラントオパール分析を実施。

9	一六〇〇〇	南墳丘墓周辺に弥生時代中期～後期の集落跡を確認。西の水田部から弥生時代中期の環壕跡を発見。吉野ヶ里歴史公園センター建設予定地で中世の環壕館跡を発掘。南部西側水田部の調査で弥生時代中期の環壕跡を確認。多数の木製品や中国新時代の「貸泉」を発見。
10	九〇〇〇	南墳丘墓から貝や鳥を入れた壺や祭祀用土器が多数出土し、墓ではなく祭壇の可能性が高いことが判明。南内郭西で新たに多数の高床倉庫跡群を確認。南墳丘墓の南、JR長崎本線そばで縄文時代末～弥生時代初頭の環壕跡や、弥生時代の祭壇?を取り囲む溝跡などを発掘。北内郭跡北方で、弥生時代後期の外環壕の大規模な門跡を発掘。南部西側水田部の調査で弥生時代中期の環壕跡から舟形木製品を含む多数の木製品が出土。北部の確認調査で、九州初の銅鐸を発掘。
11	一二二〇〇	南内郭西の高床倉庫跡が一〇〇基を超えることが判明し、市の存在などが推定された。南内郭南で長さ三〇㍍の前方後方墳（九州で一〇例目、吉野ヶ里遺跡で三例目）を発掘。南内郭跡西の外環壕跡未発掘部分の発掘で、新たに弥生時代の巴形銅器の鋳型が出土、昭和六十三年出土の鋳型と接合。南内郭跡南東方の発掘で中世の多数の建物跡群を発掘。辛上廃寺の調査で塔基壇跡や掘立柱建物跡を確認。
12	九九〇〇	南内郭南方で弥生時代前期～中期の集落跡を発掘。青銅製耳飾（指輪？）が出土。遺跡南部の発掘で、弥生時代前期から中期にかけての集落跡・墓地跡を調査。中期初頭の甕棺墓から細形銅剣を発見。中世寺院（妙法寺）跡の発掘で、溝跡からベトナム陶器が出土。九年度調査分の報告書刊行。辛上廃寺の調査で、南門跡・金堂跡などを確認。
13	九七〇〇	南内郭南方で弥生時代前期～中期の集落跡・環壕跡を発掘、朝鮮系無文土器多数が出土する。工場（神埼工業）移転地の調査で犠牲者の墓と考えられる土壙墓を発掘（石鏃五点・石剣切先三点出土）。辛上廃寺の調査区を北へ拡張、金堂が四面庇建物だったことを確認。
14	五八〇〇	南内郭南方で弥生時代前期～中期の集落跡を発掘。南内郭内部（北東部）の発掘。遺跡南部の園内乗物道路予定地の調査で、弥生時代前期の環壕跡（南壕）を確認、道路計画を変更。辛上廃寺寺域の調査で東と西の寺域を画する溝跡を確認。
15	五〇〇〇	南内郭南方で弥生時代前期～中期の集落跡の一部を発掘、前期環壕跡から銅滓が出土。日吉神社北の甕棺墓地の発掘。歴史公園周辺民有地（北方）の確認調査を開始し、古墳（円墳）二基を確認。遺跡南部の国営事務所倉庫移転

		地の調査で弥生・古墳時代の竪穴住居跡や中世の溝跡などを確認。辛上廃寺北部の調査で僧坊と考えられる建物跡群を確認。辛上廃寺西方丘陵上の調査で弥生時代中期初頭の竪穴住居跡などを確認。
16	四二〇〇	日吉神社北の甕棺墓地の発掘で銅鏡と南海産貝製腕輪三六個が出土。甕棺墓列北部の調査で、中期中頃の甕棺墓から鉄鎌が出土。歴史公園周辺民有地（北方）の確認調査で、古代の掘立柱建物跡を確認。甕棺墓列北部の周辺部の調査で弥生時代前期から奈良時代にかけての竪穴住居跡・掘立柱建物跡などを検出。弥生時代の甕棺墓も数基検出し、うち一基から石鏃一点が出土（犠牲者?）。

Ⅳ　発掘調査の成果

1　吉野ヶ里遺跡の変遷

これまでの発掘調査によって、集落の立地や構造の変遷、墓地とのかかわりなどが明らかになった。縄文時代晩期から古墳時代初頭までの集落の変遷については、現在のところ以下のように考えられる。

（一）弥生時代初頭～前期――大陸文化の流入と環壕集落の成立

周辺の低地内の微高地にいくつかの縄文時代晩期～弥生時代初頭（西暦紀元前五～四世紀）の環壕をもたない集落跡が確認されているが、平成十一年の発掘で、遺跡南端の丘陵上においてこの時期の環壕らしい壕跡の一部が発見された。断面逆台形の壕跡で、内部から縄文時代晩期の土器である夜臼式土器と弥生時代初頭の土器である板付Ⅰ式並行の土器が出土した。どのような区域を囲むのかなど詳しい内容は今後の調査を待たなければ

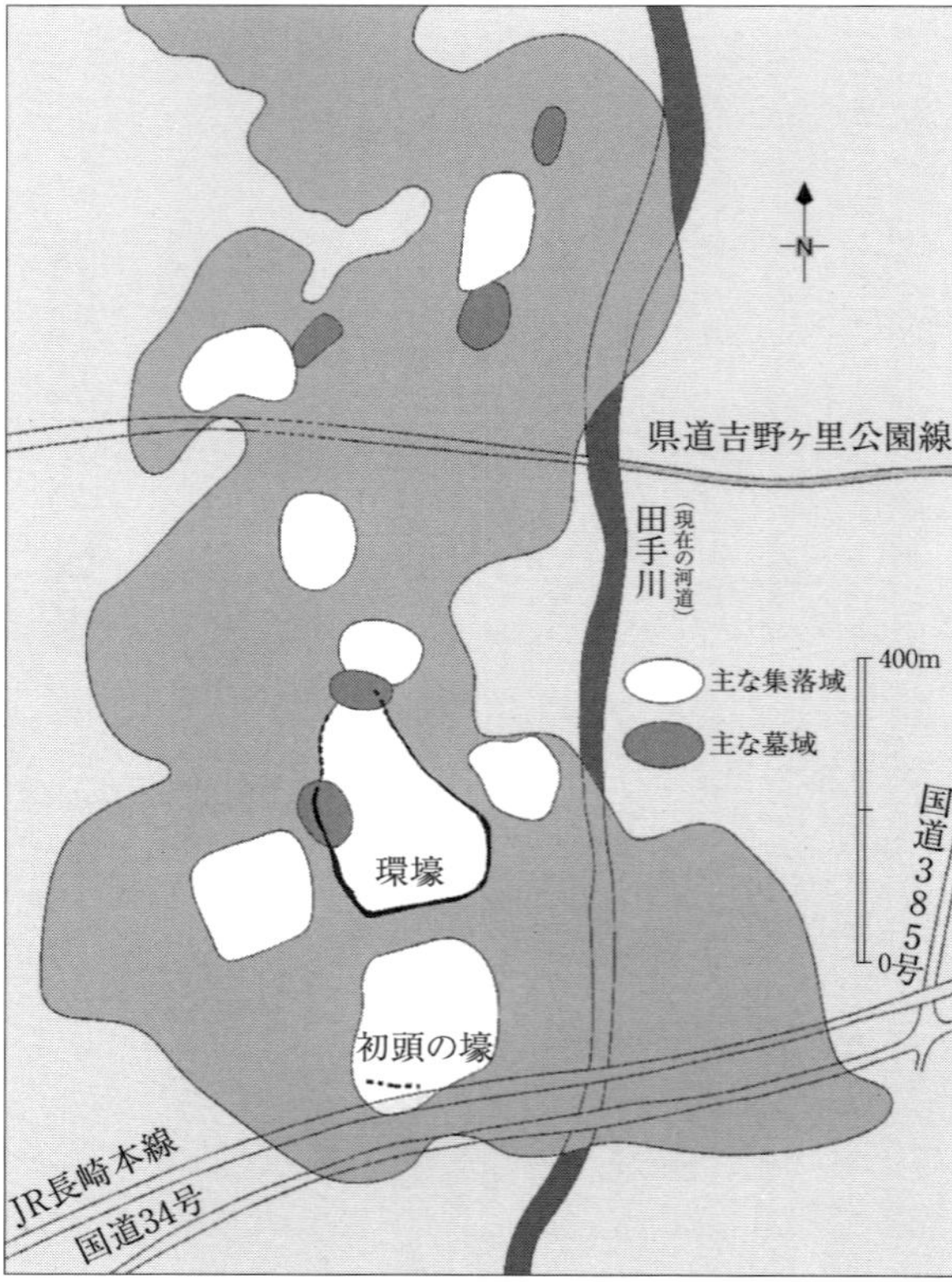

図36　弥生時代前期の吉野ヶ里集落（佐賀県教育委員会2003『弥生時代の吉野ヶ里』より）

ならないが、周辺の調査結果や地形などから面積は一ヘクタール以上と推定される。丘陵上に営まれたこの集落は、後に発展する吉野ヶ里集落の草分け的集団が営んだ集落の跡と考えられる。水稲農業や金属などで代表される大陸文化が、朝鮮半島経由で北部九州に伝播して間もない頃に、福岡市の那珂遺跡や板付遺跡にわずかに遅れて、壕で囲郭された拠点的な集落が有明海側の平野にも生まれていたことを示した点でも注目される。

前期前半（前三世紀）になると、弥生時代初頭環壕跡の北方約一七〇メートルの丘陵尾根に本格的な環壕集落が形成される。一四〇メートル区間の環壕跡の発掘と周辺の確認調査の結果、環壕は平面卵形にめぐり、内部の面積は約二・五ヘクタールになるものと推定される。断面Ｖ字形の環壕跡の内部から大量の前期の土器や石器、有明海産の貝殻多数やイヌ・シカ・イノシシ類（ブタ？）など獣骨とともに、青銅器鋳造に用いたと考えられる鞴羽口や取瓶・鉱滓などが出土した。鋳型こそ出土しなかったが、吉野ヶ里遺跡では確実に弥生時代前期のうちに青銅器鋳造が開始されたとみてよい。この環壕跡の内部や西に接した地区からは中期中頃まで継続する貯蔵穴跡群が存在する。

この時期には、吉野ヶ里地区Ｖ区北部（前期環壕中心から北方約〇・三五キロメートル）、志波屋四の坪地区（同約一キロメートル）、志波屋三の坪乙地区（同約一キロメートル）、志波屋六の坪甲地区（同三・一キロメートル）などで集落が営まれているが、志波屋四の坪地区の集落は大規模である。

（二）弥生時代中期——環壕集落の拡大と首長権の確立

この時期には、初頭に最南部の集落が大型となり、また、吉野ヶ里地区Ｖ区（中期環壕集落中心

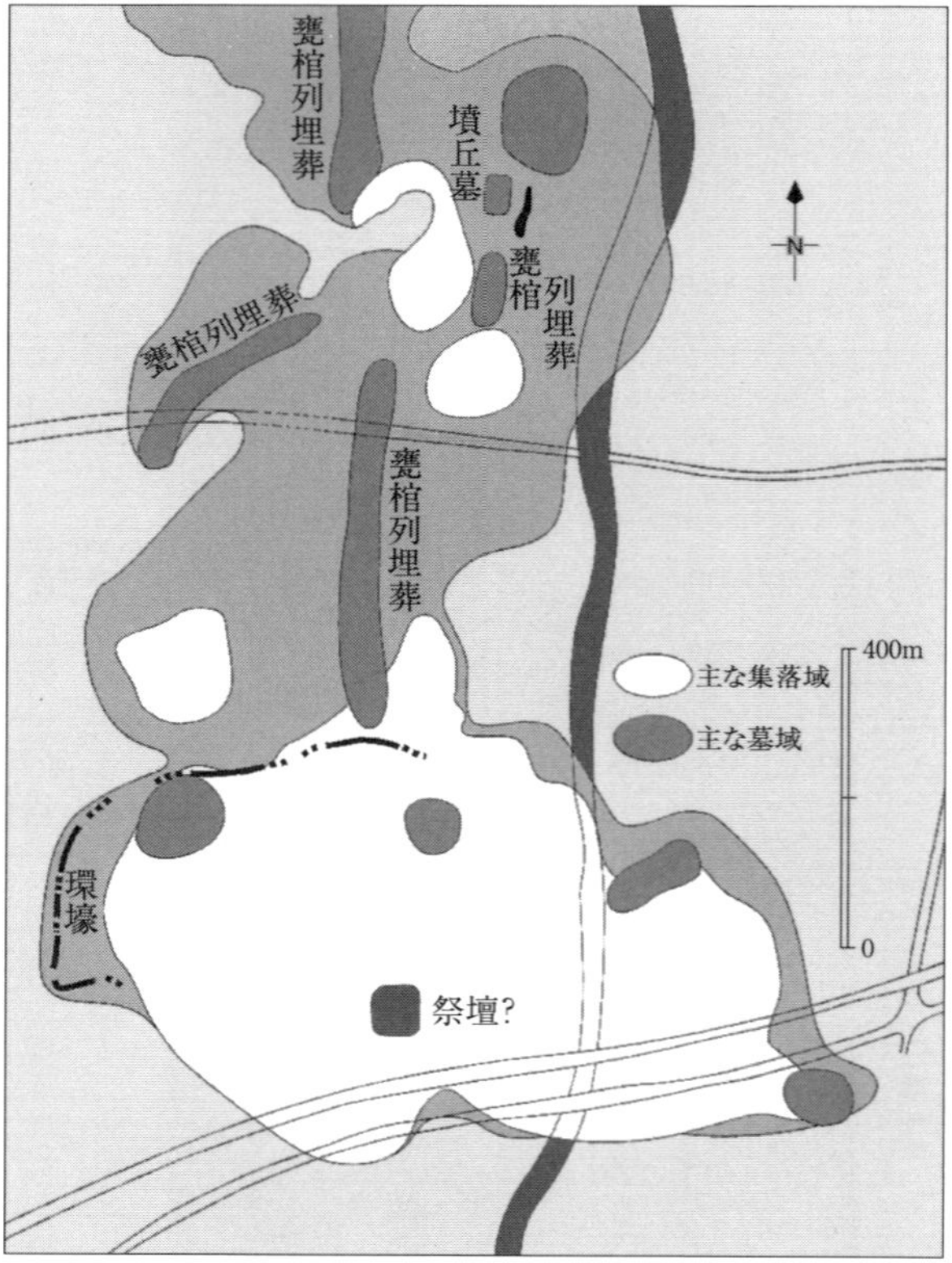

図37　弥生時代中期の吉野ヶ里集落（佐賀県教育委員会2003『弥生時代の吉野ヶ里』より）

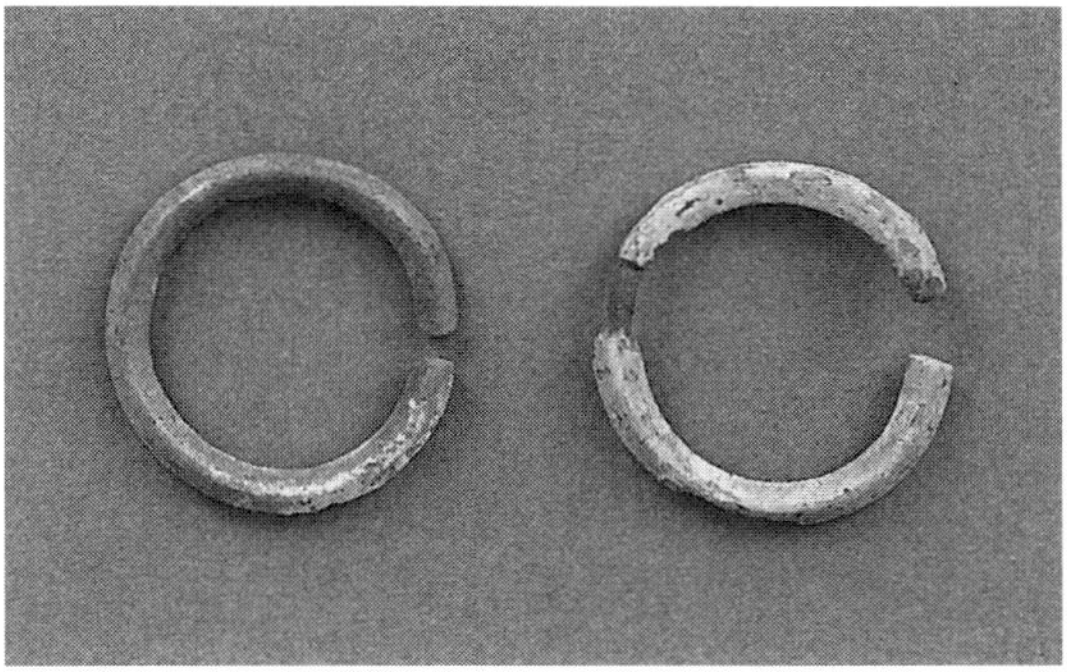

図38 青銅製の耳飾り

から北方約〇・四キロメートル)、吉野ヶ里地区Ⅱ区(同〇・六キロメートル)、吉野ヶ里丘陵地区Ⅴ区(同〇・七キロメートル)、志波屋六の坪乙地区など吉野ヶ里丘陵上に新たな集落も形成される。注目されるのは、中期初頭に形成された吉野ヶ里丘陵地区Ⅵ区(後に北内郭が造営される区域)の集落のみが弥生時代終末期さらには古墳時代前期まで継続しているという事実である。

弥生時代初期・前期の環壕集落を含む丘陵最南部の集落は環壕を備え、二〇ヘクタール超規模の中期(前二世紀~前一世紀)の環壕集落が形成される。内部には竪穴住居跡や貯蔵穴跡が多数存在するが、集落の詳細な構造は現在実施中の整理・分析作業をまたなければならない。これまでの調査で竪穴住居跡からは、楽浪郡から伝わったと考えられる青銅製耳飾二点(図38)が発見されている。環壕跡の断面形は逆台形で、延長約四三〇メートル区間の発掘を実施したが、内部からは弥生時代中期初頭から中期後半までの大量の土器や石器が出土し、低地からは長さ約五〇センチの反りが大きく櫂座の表現をもつ外洋航行船を模したらしい舟形木製品などが出土した。

畿内では、中期において奈良県唐古鍵《からこかぎ》遺跡や大阪府池上曽根《いけがみそね》遺跡など二〇ヘクタール超規模の環壕集落が営まれるが、例に乏しい中期の北部九州において、これらと同等の規模をもつ吉野ヶ里遺跡の中期環壕集落の存在は注目される。

吉野ヶ里遺跡の墳墓は、前期後半の土壙墓や木棺墓・甕棺墓が初現であるが、中期前半になると、それまで分散して営まれた甕棺墓を主体とする墓地が、列状に営まれる大規模な墓地にまとめられる。それらはおもに中期環壕集落北外側の丘陵尾根の各所に広範囲に営まれるが、それぞれの墓群のなかには周囲の一般階層の人びとより高階層な人を葬ったと考えられる甕棺墓もいくつか存在する。これらは一般墳墓群のなかではあるが、ほかより広い墓域をもつものや、周囲を溝や祭祀土壙によって囲むもの、平面円形墓地の中心に位置するものなどがある。これらの墳墓からは銅剣や鉄製品、南海産貝製腕輪、絹布・大麻布片などが出土している。

それら一般の墓地群とは隔たった位置に、南北四〇メートル、東西三〇メートル弱、当初の推定高四・五メートル規模の墳丘墓が築造され、中期前半から中頃の甕棺墓一四基が埋置されていたが、そのうちの八基から把頭飾付き有柄細形銅剣を含む八本の細形銅剣やガラス管玉を出土するなど、集落構成員から隔絶した首長層の存在を示した。南部の祭壇状盛土遺構の東では中期初頭の甕棺墓から細形銅剣が出土したが、被葬者は北墳丘墓築造以前の首長と考えられる。

なお、中期後半以降の威信材を副葬した墳墓は、近年墳丘墓西の集団墓地内で発見された小型漢式鏡と南海産貝製腕輪三六点を出土した中期後半の甕棺墓のみであり、後期以降の墳墓は極端に減少し特別な墳墓も未確認である。また、集落南部には約四〇メートル四方の人工の丘が築かれているが、平成十一年の発掘で、その上部から丹塗りのものを含む多数の祭祀用土器が発見されたが、なかには供物と考えられる有明海産の貝殻や魚骨・鳥骨などが充満した壺形土器もあり、祭壇であった可能性を示した。

　集落内の南部は剣や矛など青銅製武器を鋳造した工房が設けられ、農業生産以外の手工業生産が盛んに行われていたことを示している。後の南内郭西の外環壕内から弥生時代後期前半の土器とともに出土した巴形銅器の鋳型は、後期にいたっても青銅器生産がなされていたことを物語っている。

（三）弥生時代後期――大規模環壕集落の形成と祭政中枢の造営

　後期になると、前期・中期の環壕集落域や北の墳丘墓を取り込むように広範囲な区域を取り囲む環壕（外環壕）が掘削され、南北約一キロメートル、東西約〇・六キロメートルの四〇ヘクタール超規模の大規模環壕集落へと発展する。後期前半（後一世紀～二世紀）の間は丘陵の周囲をめぐる大規模環壕によって囲まれた内側に竪穴住居を主体とする居住区を、この外環壕の西外側に高床倉庫と考えられる掘立柱建物群を設けていた。この倉庫群は後期後半から終末期（後二世紀～三世紀後半）まで営まれつづけるが、その西の丘陵裾部にはこれらを取り囲むかのように掘削された壕が存在したことが、平成九年の発掘によって明らかになった。

　後期中頃以降になると環壕集落域の中部と北部に断面逆台形の環壕によって囲まれた南内郭と北

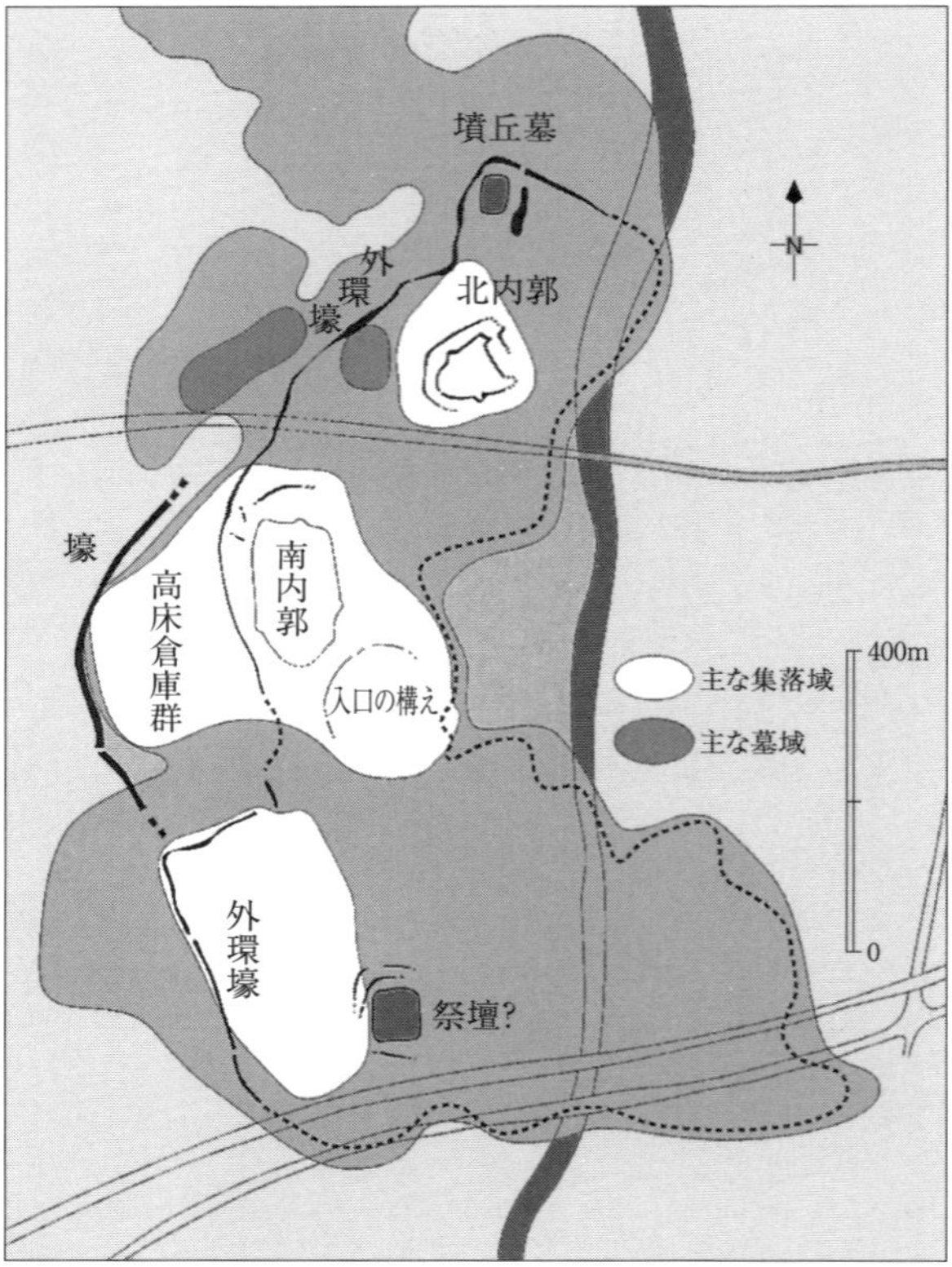

図39　弥生時代後期の吉野ヶ里集落（佐賀県教育委員会2003『弥生時代の吉野ヶ里』より）

内郭の二つの内郭が設けられる。これらは、後期中頃～後期後半の（古段階）と、後期後半～終末期（新段階）の二時期に環壕を掘り直して営まれているが、新段階のものはいずれも後期終末期に埋没している。古段階には南内郭の内外に竪穴住居が営まれていたが、新段階になると南内郭外側に竪穴住居は建てられなくなり、新段階に新たに造営される北方の志波屋四の坪地区北部（北内郭中心から北方約〇・七キロメートル）や、志波屋六の坪乙地区（同一・四キロメートル、この地区では後期前半期の建物が一部存在）の集落との関係が興味深い。この両地区の集落規模は大きいが、志波屋三の坪乙地区（同北東約〇・五キロメートル）、志波屋六の坪甲地区（同北方約一・一キロメートル）などでもこの期にふたたび小規模な集落が営まれる

後期後半になると、いびつな平面形態に掘削されていた古段階の南内郭環壕は、新段階になり長方形に近い平面形に掘り直される。北内郭も古段階のものは環壕が一部しか遺存しておらず全体像は不明であるが、新段階のものは二重の環壕からなり、円と方を組み合わせたような先端が丸いA字形の対称的な平面形態をとっている。これら内郭を囲郭する環壕には各所に外側に突出した部分が存在し、内側には一間×二間（六本柱）の物見櫓と考えられる掘立柱建物跡が存在する。また、内郭の出入口は南内郭で二カ所、北内郭で一カ所設けられているが、南内郭の規模が大きい正門と考えられる出入口の両側には内側に物見櫓が付属する環壕突出部が存在し、二重の環壕跡からなる北内郭の出入口は二条の環壕の掘り残し部分をずらし、鍵形に折れ曲がる柵に囲まれた特殊な構造となっている。

南内郭跡内部には竪穴住居跡群が存在する（特殊な建物が後の開墾で消滅した可能性はある）

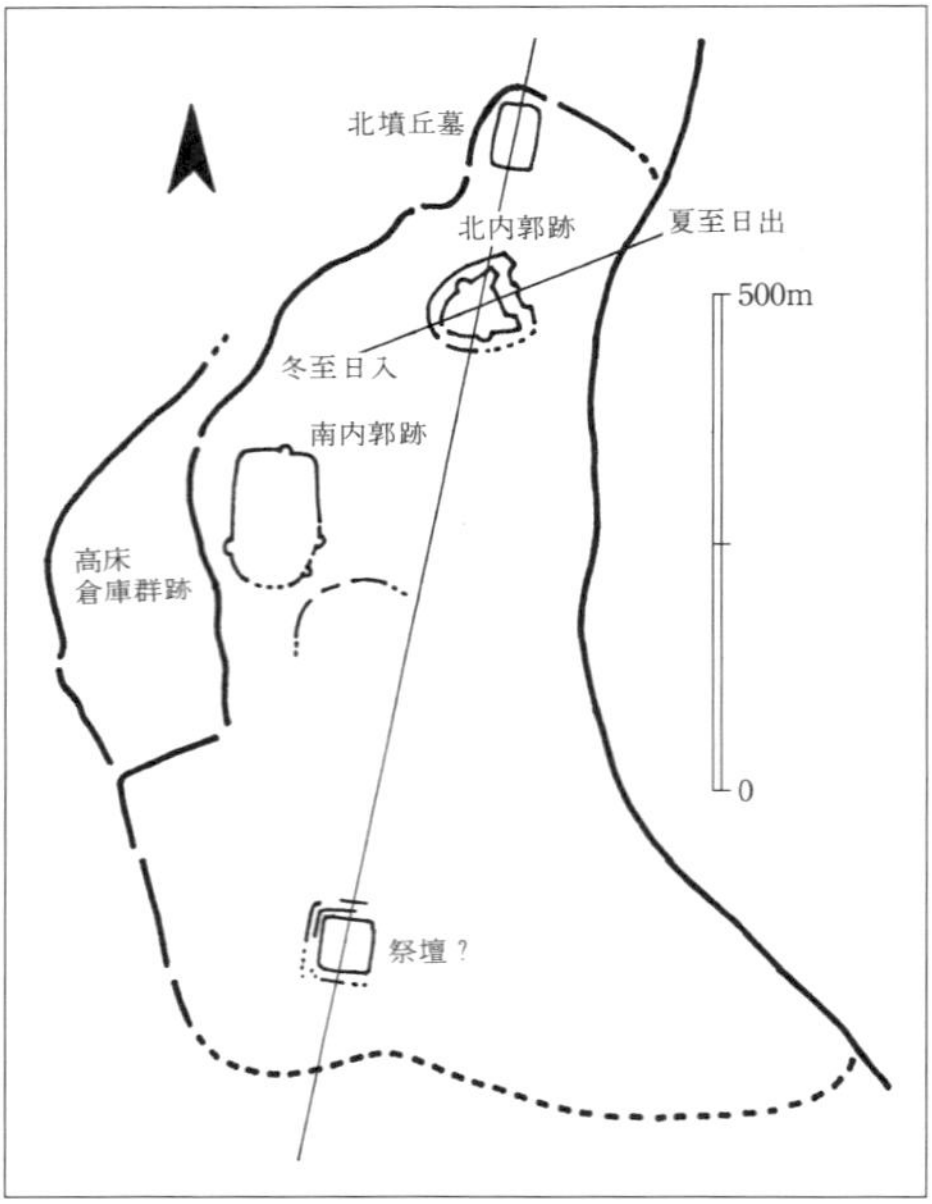

図40　弥生時代終末期の吉野ヶ里集落概要図

が、北内郭跡は内部に三間×三間（一六本柱、約一二・五メートル四方）の大規模なものをはじめとする掘立柱建物跡群と少数の竪穴住居跡が存在するなど、南内郭とは様相を異にする。

南内郭西方の高床倉庫と考えられる掘立柱建物跡群は、後期後半から終末期にかけてのもの多数が、少数の竪穴住居跡とともに存在していた。この時期のなかで二～三回の建て替えが考えられ、同時に二〇数棟の高床倉庫と数棟の竪穴住居が建ち並ぶ姿が推定される。建物跡は約三・五ヘクタールの空間のなかに、外環壕と並行する溝跡との間の南北に細長い区域と、その北方、中央部の湾曲する東西方向の区域、さらに約二〇メートルの間隔をもった南方の区域に分かれて分布する。

とくに外環壕と並行する溝跡との間の建物群は大型建物が多く、中央の建物群のなかに存在する二間×二間と二間×三間の二棟の総柱建物は倉庫以外の機能をもった特殊な構造の建物と考えられ、この一帯の施設群の用途や機能を考える際の重要な建物（たとえば中国城郭の市を管理する市楼のような建物）と考えられる。また、建

表3　吉野ヶ里遺跡の環壕集落の変遷

時代・時期	環壕囲郭範囲	環壕断面形態	内部施設	備　　考
弥生初頭	規模不明	逆台形	？	夜臼式土器＋板付Ⅰ式土器、半島系磨製石器
弥生前期 前半～後半	3 ha	V字形	竪穴住居？・**貯蔵穴**	後半に**青銅器**鋳造関連遺物(鞴羽口・取瓶)、半島系磨製石器、環壕外に後半の甕棺墓・土壙・木棺墓
弥生中期 初頭～中期後半	推定20ha以上	逆台形	竪穴住居・**貯蔵穴**・掘立柱建物(**高床倉庫**)群、祭壇？	前半に**青銅器**(剣・矛など)鋳造、**朝鮮系無文土器**、前半から**中国製**の鉄斧・書刀・耳環・鉄蝶番、環壕内に少数の甕棺墓・土壙墓、環壕外に多数の甕棺墓・土壙墓群の中に**墳丘墓**
弥生後期 前半～終末期	40ha以上	V字形 低地では逆台形	竪穴住居・掘立柱建物(**高床倉庫**)・**南内郭**・**北内郭**・入口構え・祭壇？	前半に**青銅器**(巴形銅器)鋳造、終末期に**外来系土器**(畿内・山陰・瀬戸内など)出現、銅鐸(福田型)祭祀環壕外に前半まで甕棺墓・土壙墓・木棺墓・箱式石棺墓が一部
〔南内郭〕 後半～終末期	1.1ha	逆台形	竪穴住居・掘立柱建物(物見櫓)	竪穴住居のみ、西方外環壕外に2ha以上の範囲に**高床倉庫群**
〔北内郭〕 後半～終末期	0.78ha	逆台形	掘立柱建物(**祭殿・高床住居・物見櫓**)	掘立柱建物が多い、北環壕外に高床倉庫群
古墳初頭	なし		竪穴住居・掘立柱建物	**外来系土器**(畿内・山陰・瀬戸内など)、**前方後方墳**・方形周溝墓、集落は弥生時代の北内郭一帯に残存、南内郭の集落は西方高床倉庫群一帯へ移動？

物群の間には広場と考えられる遺構空白地が少なくとも四カ所存在し、中央建物群のなかには建物群を南北に二分するかのような道路状の空白が存在することも注目される。

北内郭を囲郭する平面A字形の環壕の南西―北東の中軸線は、夏至の日の出地点と冬至の日没地点を結ぶ線と一致しており、大型建物の南北中軸線の北への延長上約一九〇㍍に中期の墳丘墓の中心が、また、南約六五〇㍍の延長上に中期に築かれた祭壇と考えられる遺構の中心が存在する（図40）。銅戈など祭祀関連遺物が出土することと合わせ、北内郭は吉野ヶ里集落の最高祭祀権者の居住かつ祭祀の場、南内郭を首長など高階層の人びとの居住区、南内郭西方の大規模倉庫群は吉野ヶ里集落のみならず吉野ヶ里の国全体の物資を収めた大規模な群倉ではないかと考えている。

2 その他の成果

(一) 吉野ヶ里の農業と工業

吉野ヶ里遺跡の生産については、発掘されたさまざまな出土遺物や遺構によって、水稲耕作や畑作などの農業生産や、青銅器・鉄器・木器・染織品などの手工業生産が考えられる。これらのなかで、吉野ヶ里遺跡ではとくに青銅器と染織品について多くの情報を提供した。

農業生産　吉野ヶ里遺跡の農業生産に関する情報は、現在のところ、遺構からではなくおもに出土遺物によって推定する以外にない。生産の場であった水田や畑の遺構が未確認だからである。しかし、農業が盛んに行われていたことを示す遺物は、石製農具や鉄製農具、木製農具のほか、炭化種子や花粉・プラントオパールなどの植物遺体など、数多く存在する。

石製農具(図41)としては収穫具としての石包丁や石鎌などがあるが、石包丁は弥生時代前期から中期の遺構などにともなって約六〇〇点以上と多数出土しているのにくらべ、石鎌は数点と少なく、石包丁と石鎌の存在を「摘む」から「刈る」といった収穫手法の単なる変化とはいい難く、石戈と同様に祭祀具としての機能を考えるべきかもしれない。

鉄製農具(図42)としては、鋤(鍬)先や摘み鎌、鎌などがある。鋤(鍬)先は刃の両側を曲げてソケット状にして木製の鍬や鋤の刃先に取り付けたもので、これによって掘り削る作業の能率があがり生産性が向上したことは疑い得ない。摘み

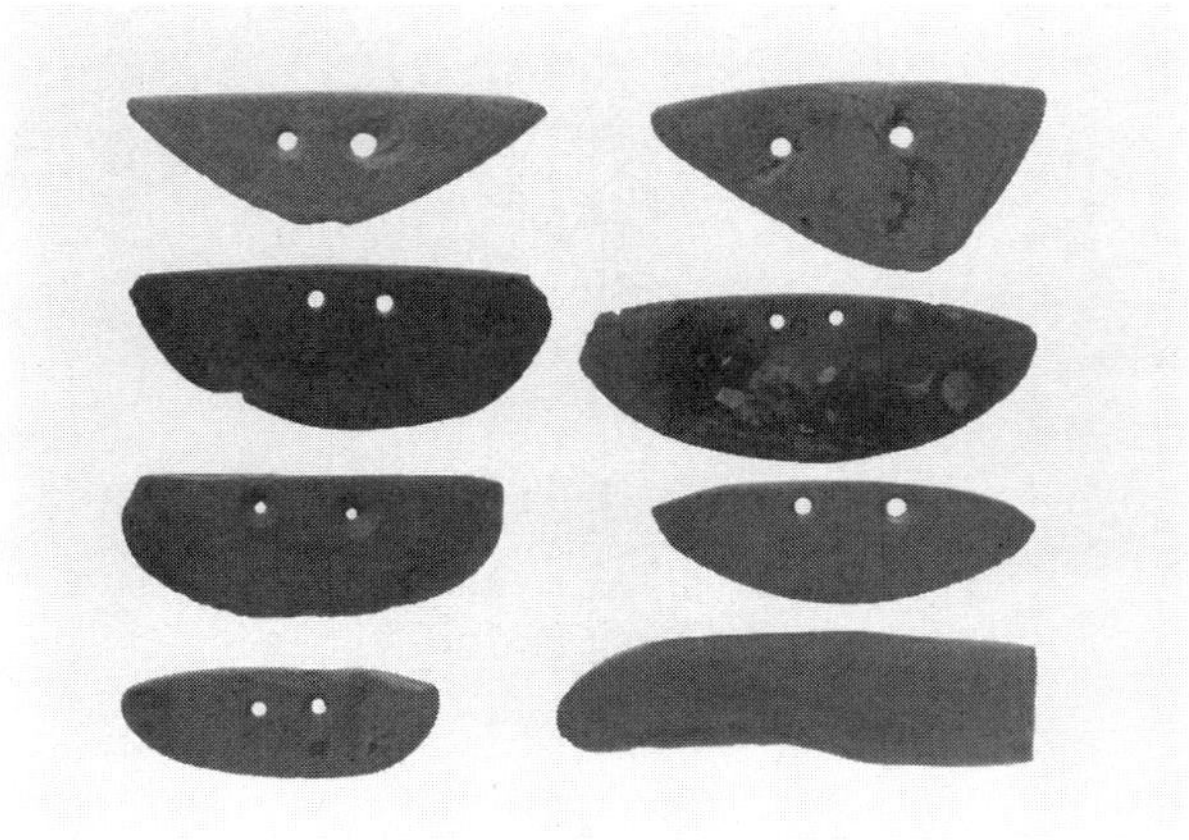

図41　石製農具（石包丁と石鎌）

図42　鉄製農具（鎌・鋤先）

図43　木製農具（鍬・鋤・鎌の柄・臼・杵・履物）

鎌は、鋤先を小型化したような形のもので、小さな板に取り付け石包丁と同様に稲の穂首を摘み取る道具と考えられている。

　木製農具（図43）は多種多様な製品が出土している。鍬や鋤をはじめエブリなどの耕作具のほか臼や杵などがある。公園整備前まで遺跡の西側に広がっていた水田の地下は木製品の宝庫で、農具のほかに斧や手斧などの工具や鎌などの農具の柄、弓や鏃《ぞく》などの狩猟具・武器、剣・矛・戈《か》などの武器を模した祭祀具、柱やネズミ返し・板材などの建築部材、各種容器など多数の木製品を出土している。

農産物の植物遺体としては、イネの炭化物やプラントオパール、キビ属のプラントオパール、ウリ類・マメ類などの種子や花粉のほかさまざまな種類の遺体がある。また、養蚕に欠かせないクワの花粉も検出されており、吉野ヶ里集落内外の水田や畑地でさまざまな作物が生産されていたことは疑いない。これまでの調査で水田にともなうとみられる水路や杭の列などが確認されているものの、耕作地そのものの発見にはいたっていない。生産の場の確認は今後の調査に課せられたテーマである。

青銅器生産と鉄器

青銅器生産については、現在まで細形銅剣鋳型一点、細形銅矛鋳型三点、三面に細形銅剣と一面に細形銅矛を彫り込んだ鋳型、巴形銅器鋳型、製品が未発見の鋳型など、計七点の青銅器鋳型が出土し、さらに鋳型である可能性がつよい石片も数点存在している。鋳型にはいくつかの面に型が彫り込まれたものがあるので、合計すると銅剣七、銅矛三、巴形銅器一、製品不明の青銅器一、棒状青銅器一の一三の鋳型が存在することになる。

国内最古式とされる細形の銅矛・銅剣などの鋳型が多数発見されたことは、日本における青銅器文化流入と青銅器生産開始時期の問題や、生産地と分布の問題を考えるとき大いに注目される。佐賀平野では、以前から山麓部に位置する神埼郡東脊振村西石動遺跡や佐賀市櫟木遺跡などで中細形銅戈の鋳型が知られており、比較的早い時期から青銅器が生産されていたということは認識されていた。

一九八五年（昭和五十九）、佐賀郡大和町の惣《そう》座《ざ》遺跡から三条節帯を有する細形銅矛と細形銅剣の型をもつ鋳型が発見され、古式である細形の青銅器のほとんどが朝鮮半島からの輸入品とする定

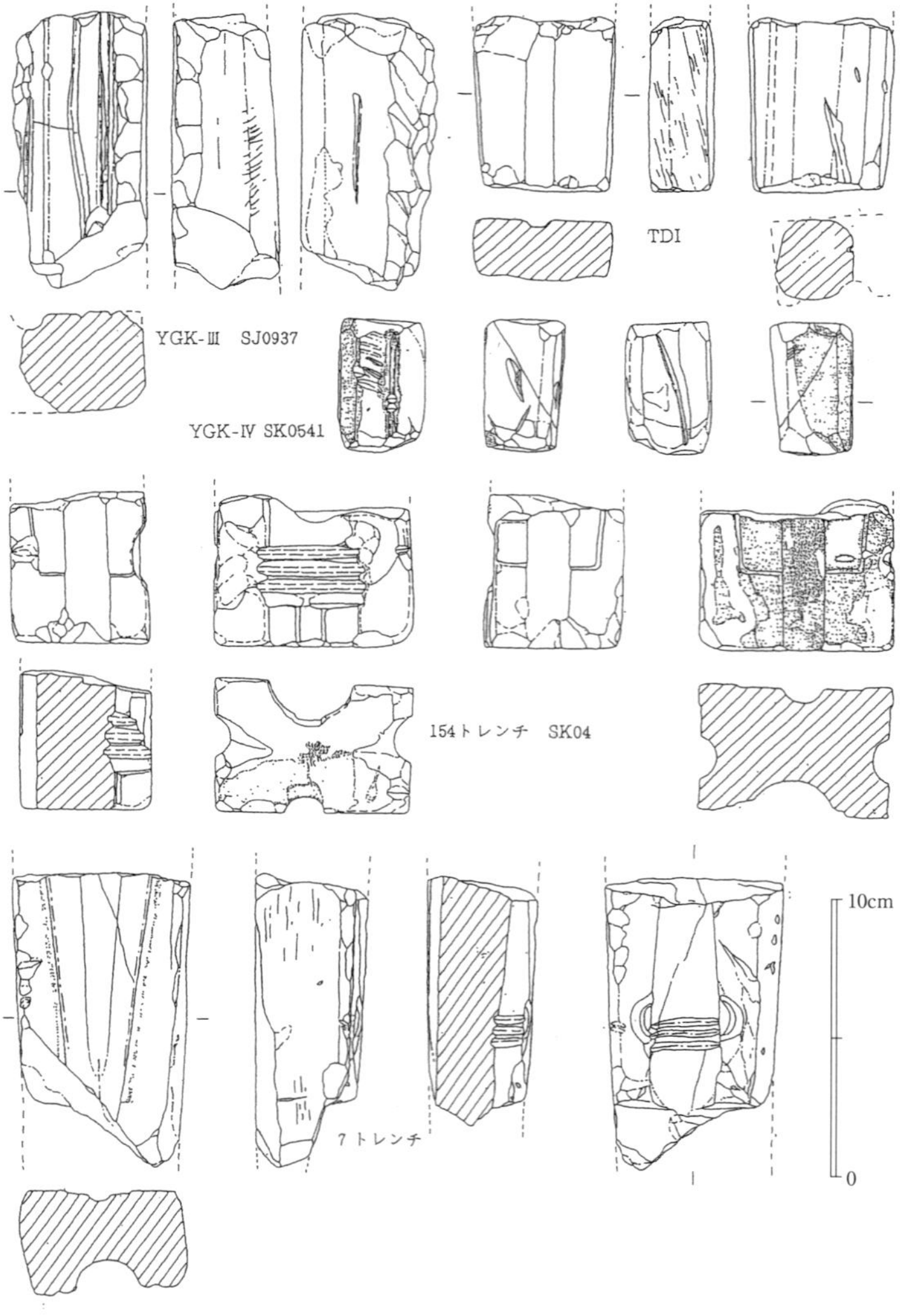

図44 吉野ヶ里から出土した鋳型

図45　青銅器工房跡

説を覆した。また、昭和五十四年には鳥栖市安永《やすなが》田《た》遺跡から横帯文（福田型）銅鐸の鋳型が出土し大きな問題を提起した。その後、安永田遺跡では中細形や中広形の銅矛鋳型が出土した。近年では神埼郡千代田町姉遺跡から中細形銅剣や銅矛の鋳型が、佐賀市鍋島本村南遺跡や鳥栖市平原・大久保遺跡から細形銅戈の鋳型が、鳥栖市本行遺跡から中細形の銅矛や銅剣、横帯文銅鐸の鋳型が、小城市土生《はぶ》遺跡からは鉇や銅矛の鋳型が相次いで発見された。それらに加え吉野ヶ里遺跡からの多数の鋳型出土は、佐賀平野の青銅器生産の先進性を明らかにしたのみならず、当地域の経済発展に青銅器生産が大きく寄与したことを明らかにした。

また、吉野ヶ里遺跡では前期の環壕跡から鞴羽口や取り瓶らしい土製品が出土し、最近では、この環壕跡から青銅の鉱滓も出土するなど、青銅器生産が前期に開始されたことが確実となった。

図46　青銅器工房跡から出土した炉壁片・鉱滓・鉄製刀子

吉野ヶ里遺跡の弥生時代中期環壕集落の南西部で確認された大型土壙（図45）は、青銅器生産とかかわりの深い遺構と考えられる。幅約六メートルの溝状の穴で、内部から弥生時代中期初頭から前半にかけての土器群とともに、多量の木炭らしい炭化物や灰・焼土に混じって、両面に銅矛の型を彫り込んだものと、三面に細形銅剣と一面に細形銅矛を彫り込んだものの二点の鋳型片、錫片、錫分の多い青銅片、鉱滓（スラッグ）、炉壁らしい破片などが出土し、周辺からは銅矛の中子（内型）も出土するなど、一帯が初期の青銅器工房であった可能性が強まった。

この土壙は断面がすり鉢状で下部には炭化物の層と木灰の層が交互に幾層にも堆積しており、あるいはこの土壙の内部に青銅を溶かすための炉が存在していた可能性が高い。この土壙からは中期前半の祭祀用土器（なかにはイノシシ類の骨が

図47　巴形銅器鋳型と復元物

入った壺形土器もある）や、翡翠の勾玉や碧玉の管玉、青銅製素環頭付き鉄刀子（書刀）、鋳造鉄斧破片利用の鑿などが出土するなど、青銅器工房を廃棄する際の祭祀行為をうかがわせているようである。

三条節帯をもつ細形銅矛の製品は、現在のところ玄界灘沿岸の福岡市板付《いたづけ》田端《たばた》遺跡や同市吉武《よしたけ》樋《ひ》渡《わたし》遺跡、佐賀県唐津市徳須恵《とくすえ》遺跡など弥生時代中期初頭から中期後半にかけての地域の首長を埋葬したと考えられる墓地の甕棺墓などから出土している。

少なくとも中期前半までには青銅器の鋳造を開始した吉野ヶ里集落では、後期までの間、青銅器を生産しつづけたことが、巴形銅器《ともえがたどうき》鋳型《いがた》（図47）の出土で明らかになった。巴形銅器とは、おもに弥生時代後期から古墳時代前期にかけて国内のみで製作された青銅器で、これまで弥生時代のもの

図48　朝鮮系無文土器

が二〇遺跡、古墳時代のものが一六の古墳から副葬品として、計一〇〇点以上が出土している。国内からだけしか出土していなかったこの巴形銅器が、近年韓国金海市の大成洞古墳群から出土し、製作地の問題や両国交流史を考える際に大いに注目されたことは記憶に新しい。

　弥生時代のものは、九州では佐賀県唐津市桜馬場遺跡や北方町東宮裾《ひがしみやすそ》遺跡、福岡県前原市井原鑓溝《いはらやりみぞ》遺跡など弥生時代後期初め頃の「王墓」ともよばれる甕棺墓から出土していることは注目される。とくに玄界灘沿岸の桜馬場や井原鑓溝では後漢初めの銅鏡その他貴重な遺物とともにそれぞれ三個の巴形銅器が出土しているが、井原鑓溝では二十数面の鏡が出土している。江戸時代の青柳種信の記録にしか残らない井原鑓溝の巴形銅器のスケッチと吉野ヶ里遺跡出土鋳型から推定される製品がきわめて類似することも興味深い。

　古墳時代のものは、大阪府黄金塚古墳、奈良県の東大寺山古墳や佐味田宝塚古墳、三重県石山古墳など近畿地方の前期の一〇〇《メートル》級前方後円墳から豪華な副葬品とともに出土している。黄金塚古墳や石山古墳などでは盾や矢を納める靫に装着されたままの状態で出土しており、巴形銅器は弥生時代・古墳時代を通じて、首長など高身分の者の身を守るための武具の飾り金具と考えてよい。

吉野ヶ里遺跡の巴形銅器鋳型は、国内唯一の鋳型であった昭和六十三年に出土した約二分の一の破片に接合する小破片が、同じ後期の外環壕跡から平成十一年に出土した。この間に福岡県春日市の九州大学春日原地区の発掘調査で小破片が一点出土している。

以上述べたように、吉野ヶ里遺跡では弥生時代を通じて、基本的には武器・武具のみを製作しつづけたものと考えてよく、それらの製品と同形式のものが、各地の有力者にもたらされ、その死とともに墳墓に副葬されている。国内の青銅器鋳型の大半を出土する福岡県春日市一帯は奴国《なこく》に比定される土地柄であるが、その鋳型のほとんどが矛や戈・剣などの武器形祭器や、銅鐸・鏡などの鋳型であった。吉野ヶ里遺跡では数こそ少ないものの製品のもつ性格を異にしている。

青銅器生産に携わった人びとを暗示するものに朝鮮系無文土器（図48）がある。内部に青銅器工房をもつ中期の環壕集落内からは朝鮮半島系の松菊里型竪穴住居と貯蔵穴などから朝鮮系無文土器多数が出土している。玄界灘沿岸地方で出土数が少ないこの無文土器が、佐賀平野から福岡県小郡市にかけて多くの遺跡から出土することから、新しい文化を携えて渡来した人びとあるいはその直系の子孫が多く住んでいた地域ということができそうである。いずれにしろ、国内における青銅器生産の先進地が佐賀平野であったことが明らかになった。

青銅器にくらべ鉄製品生産についての情報は乏しい。中期前半以降しだいに鉄製品が流入し、後期になると、『東夷伝』弁辰《べんしん》条の「鉄を出す韓濊・倭従にこれを取る」という記述から推測されるように、朝鮮半島南部の弁韓《べんかん》（金海《きんかい》地方一

図49　縫い目のある絹布片

帯）・辰韓《しんかん》地方（慶州《けいしゅう》一帯）からの鉄素材を入手し小鍛冶によって製品に加工したと考えられる。板状の鉄素材こそ出土していないが、多様な鍛造製品の出土や、後期の環壕集落跡の北方約一キロメートルに位置する志波屋六の坪乙地区の後期後半から終末期にかけての集落跡から発掘された小鍛冶の痕跡とも考えられる焼けた炉状の穴数箇の存在などから、吉野ヶ里集落一帯で鉄製品が生産された可能性は十分考えられる。

染織文化—絹と大麻—

吉野ヶ里遺跡ではこれまでに弥生時代中期初頭から後期初頭にかけての一一基の甕棺墓から絹布や大麻布などの断片が出土している。これら布片はさまざまな織りの絹布や繊細な大麻布であり、染色されたものや縫い合わせたもの（図49）が存在するなど、弥生時代の衣服の研究にとって多くの情報を提供した。

絹布片を出土した墳墓は、分析の結果確実なものを出土した甕棺墓が七基、未分析だが肉眼観察により絹布と考えられるものを出土した甕棺墓が三基、絹布か大麻布か不明なものを出土した甕棺墓が二基である。

分析した布目順郎氏は、吉野ヶ里出土の絹布はすべて国産で、中期初頭のＳＪ一七七七甕棺墓や中期前半のＳＪ一七六八甕棺墓から出土した絹は糸の繊維断面積が大きく、中期中頃のＳＪ一〇〇二甕棺墓や後期初頭のＳＪ〇一三五甕棺墓から出土したものは小さいことから、前者は華中的な四眠系蚕、後者は華北・楽浪系の三眠蚕の絹糸によって織られたものであり、中期中頃を境に飼育する蚕の系統が変化したと考えている。

織りについても、中期前半までの絹布のほとんどが詰目だったのに対し、中期中頃を境に透目のものが増えることも判明し、緯糸に撚りをかけて織られた透目絹布の存在は、中国で「紗縠」とよばれた高級な絹布が吉野ヶ里遺跡周辺で織られていた可能性を示した。また、染色された透目絹布のなかには、日本茜で染めた経糸と貝紫で染めた緯糸を織った二色（錦）の存在も確かめられた。

大麻についても、細い糸を密に織り上げられており、従来上質であるといわれていた登呂遺跡や唐古鍵遺跡出土の大麻布を凌ぐ質であった。このことは、細密かつ多様な織りの上質の絹布を生産する技術が存在したからこそ可能であり、下着・上着の違いや、衣服の種類によって大麻布と絹布の使い分けがあったものと考えられる。

縫製技術については、これまでに佐賀県菜畑遺跡から出土した平織圧痕土器片には縫い合わせの糸が、池上曽根遺跡出土の布片では縫い目が確認されており、弥生時代初頭から二枚の布を繋いで大きい布に仕立てたことは推定されていたが、近

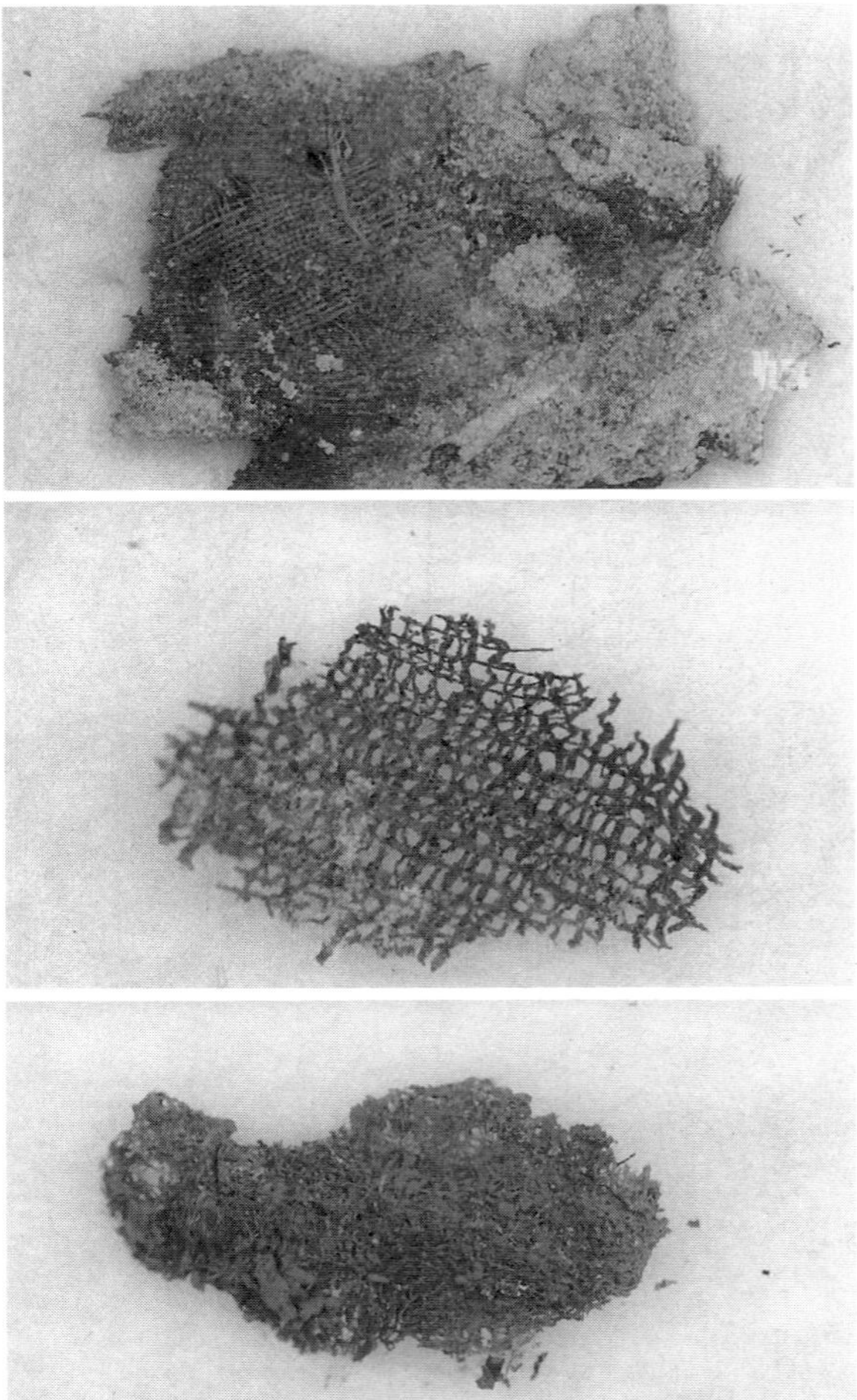

図50　吉野ヶ里遺跡から出土した布片
（上：大麻、中：絹、下：赤色顔料が付着した絹。
布目順郎氏撮影）

表4　吉野ヶ里遺跡出土布一覧

	地区名	出土遺構と時期	出土状況、布片の種類・特徴、その他
1	田手一本黒木地区 Ⅰ区(第324調査区)	SJ 0100甕棺墓 中期初頭	棺内の細形銅剣に付着。絹布と考えられる。棺内から朱確認。男性か。
2	田手二本黒木地区 Ⅱ区	SJ 0158甕棺墓 中期初頭	甕棺口縁部付近に付着して出土。未分析。
3	志波屋四の坪地区	SJ 0154甕棺墓 後期初頭	棺内出土の素環頭刀子に付着。未分析。12〜13歳小児。毛髪遺存。
4	志波屋四の坪地区	SJ 0516甕棺墓 中期中頃	棺内人骨に付着。未分析（絹と考えられる）。熟年男性で朱付着。
5	吉野ヶ里丘陵地区 Ⅴ区	SJ 1002甕棺墓 中期中頃	棺内の把頭飾付き有柄細形銅剣に付着して絹布3種・大麻布1種が出土。絹布はすべて透目で、経糸に日本茜染め・緯糸に貝紫染めの錦様の染色あるものあり。棺内から朱確認。男性か。
6	吉野ヶ里丘陵地区 Ⅴ区	SJ 1768甕棺墓 中期前半	棺内人骨の首から脛にかけて出土。絹布2種、平絹であり大半が詰目絹。縫合部分の破片2点あり。染色については未分析。男性か。
7	吉野ヶ里丘陵地区 Ⅴ区	SJ 1777甕棺墓 中期初頭	棺内底部に崩れ落ちた人骨片に混じって出土。絹布6種、平絹であり詰目絹5種と透目絹1種がある。縫合部分の破片1点あり。染色については未分析。
8	吉野ヶ里丘陵地区 Ⅱ区	SJ 0384甕棺墓 中期中頃	棺内人骨の右前腕に装着された状態の8個の貝殻製腕輪に付着して絹布片が出土。大半は貝紫で染色。棺内から朱確認。男性の可能性大。
9	吉野ヶ里丘陵地区 Ⅱ区	SJ 0135甕棺墓 後期初頭	棺内底部に崩れ落ちた人骨片に混じってイモガイ製腕輪1点とともに絹布と麻布片が出土。織りは絹が7種類、麻が2種類あり。絹布は透目で、経糸に日本茜染め・緯糸に貝紫染めの錦様の染色あるものあり。棺内に朱確認。女性か。
10	吉野ヶ里丘陵地区 Ⅸ区(第350調査区)	SJ 2775甕棺墓 中期後半	棺外の口縁部付近に中国製銅鏡を副葬した石蓋甕棺内の人骨に装着された36個のイモガイ製腕輪付近から小破片が出土。糸の細さなどから絹と思われる（未分析）。被葬者は女性で、遺体の顔面朱塗り。
11	吉野ヶ里丘陵地区 Ⅸ区(第350調査区)	SJ 2545甕棺墓 後期初頭	石蓋甕棺内の人骨に付着して小破片が多数出土。糸の細さなどから絹と思われる（未分析）。遺体の顔面朱塗り。

＊布については、糸と織りが布目順郎氏、織りと染めが前田雨城氏・下山進氏・野田裕子氏の研究グループにより、判明した人骨の性別・死亡年齢は長崎大学医学部の調査による。

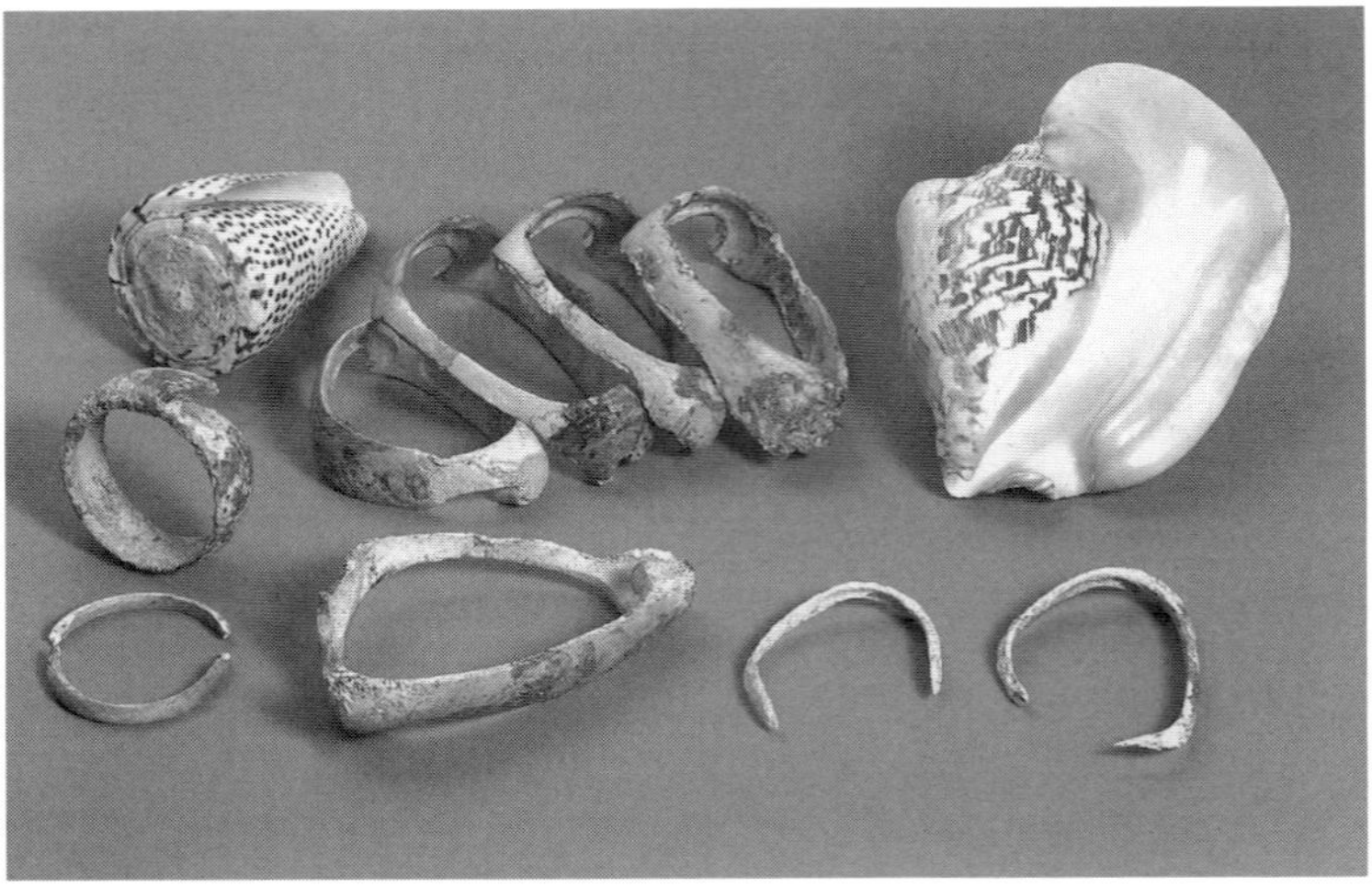

図51　貝製腕輪（上左右は現在のイモガイとゴボウラ）

年、鳥取県青谷上寺地《あおやかみじち》遺跡から弥生時代後期の絹と考えられる布をつきあわせて縫い合わせたものが発見されている。この布は、断ち目（長い布の短辺でほつれやすい）の部分を二ミリメートル程度三つ折りにしてまつって縫い合わせたものや、織耳（長い布の両側）同士を縫い合わせたものがある。しかし、吉野ヶ里の絹布は、まつり縫いを施したのち方向を違えた布を縫いあわせており、後世の衣服の身頃と筒袖の縫い合わせ部分と同様である。これらのことから、『倭人伝』記載の「ほぼ縫うことなし」とはかけ離れた多彩な縫製技術が、少なくとも弥生時代中期初頭までに伝播していたことが明らかになったばかりではなく、袖付きの衣服が存在していた可能性も高まったといえる。

墳丘墓内のＳＪ一〇〇二甕棺墓やその南西方に位置するＳＪ一〇三五甕棺墓からは、上質の大麻布とともに数種類の透目絹布片が出土しており、大麻の服の上に染色された多様な絹の衣をまとっていたものと考えられ、ＳＪ一〇三五甕棺墓から数種類の絹布が重なった状態で出土したものは、重ね着した衣服の襟の部分かもしれない。

さらに、吉野ヶ里遺跡において、多種多様な絹や上質な大麻の衣を身にまとった人物のほとんどが、一般の集落構成員とは違った特別な墳墓（墳丘墓や集団墓地のなかの特別な位置）に埋葬され、銅剣や銅鏡、貝製腕輪（図51）を副えられ、遺体に朱が塗布されるなど首長・司祭者などといった特別な身分・階層の者であり、三津永田・二塚山・高志神社遺跡など佐賀平野での例はもちろん、福岡県の有田《ありた》・比恵《ひえ》・吉武高木《よしたけたかぎ》・須玖岡《すぐおか》本《もと》・立岩《たていわ》遺跡など北部九州の他の出土例も大半が特別な者を葬った墳墓であった。つまり、絹の衣や、染められた日本茜や貝紫の色彩は、特別な身分・階層を示す象徴であったということができる。弥生時代中期中頃以降に増加する透目絹布について布目氏は、喪や埋葬に際して遺体を覆った帷子の可能性を示しているが、大麻布と共伴することや、数種類を重ね着している点などから、特別な身分の者のみが着ることができる、また特別な身分を示すための衣装であったものと考えている。

このように吉野ヶ里遺跡出土の繊維製品は、弥生時代の養蚕・染織・縫製の系譜や発展過程や、衣服の違いによる身分・階層などの社会性を知るための豊富な情報のみならず、吉野ヶ里遺跡、ひいては北部九州の弥生文化の先進性を示したといえる。佐賀県内（佐賀平野に集中）では吉野ヶ里遺跡以外にも、六遺跡七基の甕棺墓や土壙墓から絹を主体とした布片が出土しており、加えて福岡平野を中心とした北部九州の十数カ所の弥生時代遺跡でも絹・麻などの布片が出土している。

図52　祭祀土器

吉野ヶ里遺跡では、弥生時代土壌の花粉など植物遺体の分析によって、一帯にクワが栽培されていたことが明らかになっている。北部九州で弥生時代の繊維製品が多数出土することは、内部空間を保護するのに適した甕棺墓の存在がその要因であり、畿内をはじめほかの地域にも分布していた可能性が高いという意見もある。はたして北部九州地域が、絹を主体とした繊維製品の生産・消費の中心地であったのか、繊維製品そのものの研究とあわせて、遺跡土壌の花粉分析などをはじめとする養蚕環境の探求を含めて総合的に判断すべきだと考えている。

(二) 吉野ヶ里の祭祀

吉野ヶ里遺跡では、広大な範囲の発掘が可能であったため、さまざまな遺構の性格を、その空間的な位置やほかの遺構とのかかわり、出土遺物の内容によって推定することが可能となった。そのために、これまで個別的にしか理解できなかった信仰や祭祀にかかわりの深い遺構・遺物を、集落全体のなかに位置づけて理解することが可能になったと言うことができる。

吉野ヶ里遺跡から出土した祭祀関連のおもな遺物としては、祭祀専用土器（図52）や、銅鐸形土製品、木製祭祀具、銅戈、銅鐸などがある。祭祀用の土器と考えられるものは、中期前半に甕棺墓が一般化したのと軌を一にして、大型となり丹塗り磨研を施すなどの装飾を加えた上質の祭祀専用の土器群が生み出される。これらは甕棺墓埋葬の際に多くが用いられるが、その扱いは、祭祀行為が終了した段階で破壊され穴に埋められる運命であった。私たちは、このような祭祀土器が埋められた穴を祭祀土壙とよんでいるが、中期前半から中頃の甕棺墓一四基を埋葬した墳丘墓の東に接して存在する南北五〇メートルに近い大型土壙もこの類と考えている。元来墳丘盛土用の採土地であった巨大な穴に、墳丘墓近辺で行われた祭祀に用いた器物を中期中頃以降後期後半までの約三〇〇年間にわたって廃棄しつづけたのである。

遺構の面からも、墳丘墓など特定墳墓に対する施設のありさまも、吉野ヶ里遺跡の北内郭跡の発掘で始めて明らかになったといっても過言ではない。平成五年から六年にかけて実施した発掘では、平面A字形の二重の環壕によって区画された北内郭跡の内部に、一辺一二・五メートル規模の平面正方形をなす祭殿と目される重層建物跡が発掘された。径五〇センチの柱一六本からなる大型建物で、その中軸線の延長が北約一六〇メートルに位置する墳丘墓の中心に向いているのである。この軸線上の墳丘墓南には一個の柱穴跡と六本柱建物跡が存在し、大型建物跡の南約六〇〇メートルの位置には祭壇と目さ

図53　祭壇と考えられる遺構

れる一辺四五メートル前後の平面正方形の盛土遺構が存在する（図53）など、集落全体で祭祀空間を形づくっているかのようである。なお、この祭壇状遺構は北方の墳丘墓と同じ中期前半に築造されたもので、盛土のなかには有明海産の貝殻や鳥骨が充満した装飾壺形土器をはじめとする中期中頃の祭祀土器群が多数存在し、北内郭や南内郭などの環壕があらためて掘削された後期後半には周囲に溝が設けられ、この空間・盛土のもつ意味を明確化したものと考えられる。

　北内郭は弥生時代中期に一帯が甕棺墓地になったにもかかわらず、前期のうちに集落が形成されてから一度も墓地が入り込まない特別な空間であり、中期以降の祭祀土器や広形銅戈の出土、平面A字形の中軸線が夏至の日の出と冬至の日の入り方向をきっちり向いている点などからみても、祖霊が眠る墳丘墓と天を祭る祭事の中枢であったとみてよい。広形銅戈は、北内郭を囲む環壕が平面A字形に掘り直され、以前の環壕を埋め戻す際に環壕のなかに小さな穴を掘りそこに納められたと考えられ、新北内郭造営の際の地鎮行為を示しているようである。

　吉野ヶ里遺跡の墳丘墓と北内郭大型建物跡との関係を示す同様な例が、平成六年に鳥栖市柚比本村遺跡で発掘された建物跡（最大のもので五間×八間、九・九〇《メートル》×一六・八六《メートル》、一六七平方《メートル》）と特定の人びとを葬った墓地で明らかになり注目された。この遺跡では、銅剣などをもつ弥生時代中期初頭〜前半の木棺墓・甕棺墓群四六基からなる墓域の北方約五〇《メートル》の位置に、中期後半の大型掘立柱建物跡五基がほぼ同じ位置に重複して存在し、建物の背後にはおもに祭祀土器群をもつ土壙群が多く存在する。墳墓群と大型建物跡との間には拝殿と目される小規模な掘立柱建物跡が存在し、柱穴とも考えられる一個の大きな穴も存在するなど、吉野ヶ里遺跡の墳丘墓と北内郭跡一帯の様相と酷似している。なお、大型建物が、祭祀（祖霊祭祀）に深いかかわりをもって存在していた可能性は、福岡市久保園遺跡や福岡市吉武高木遺跡の大型建物跡でも指摘されるようになった。

　縄文時代以来の精霊・死霊に対する信仰・祭祀から、弥生時代には水稲農業の流入・発達にともなう農業祭祀と、農工業の発展による階層分化や戦争によって生じた首長権の確立にともなう祖霊（英雄）祭祀へと変化したと考えられる。つまり、多くの一般農村では太陽と鳥と船（天鳥船）を対象とした農業祭祀が、クニの中心集落では祖霊に対するいわば国家的な祭祀が行われたと考えられ、また、交流によって中国本土から天的な祭祀がもち込まれた可能性を秘めている。

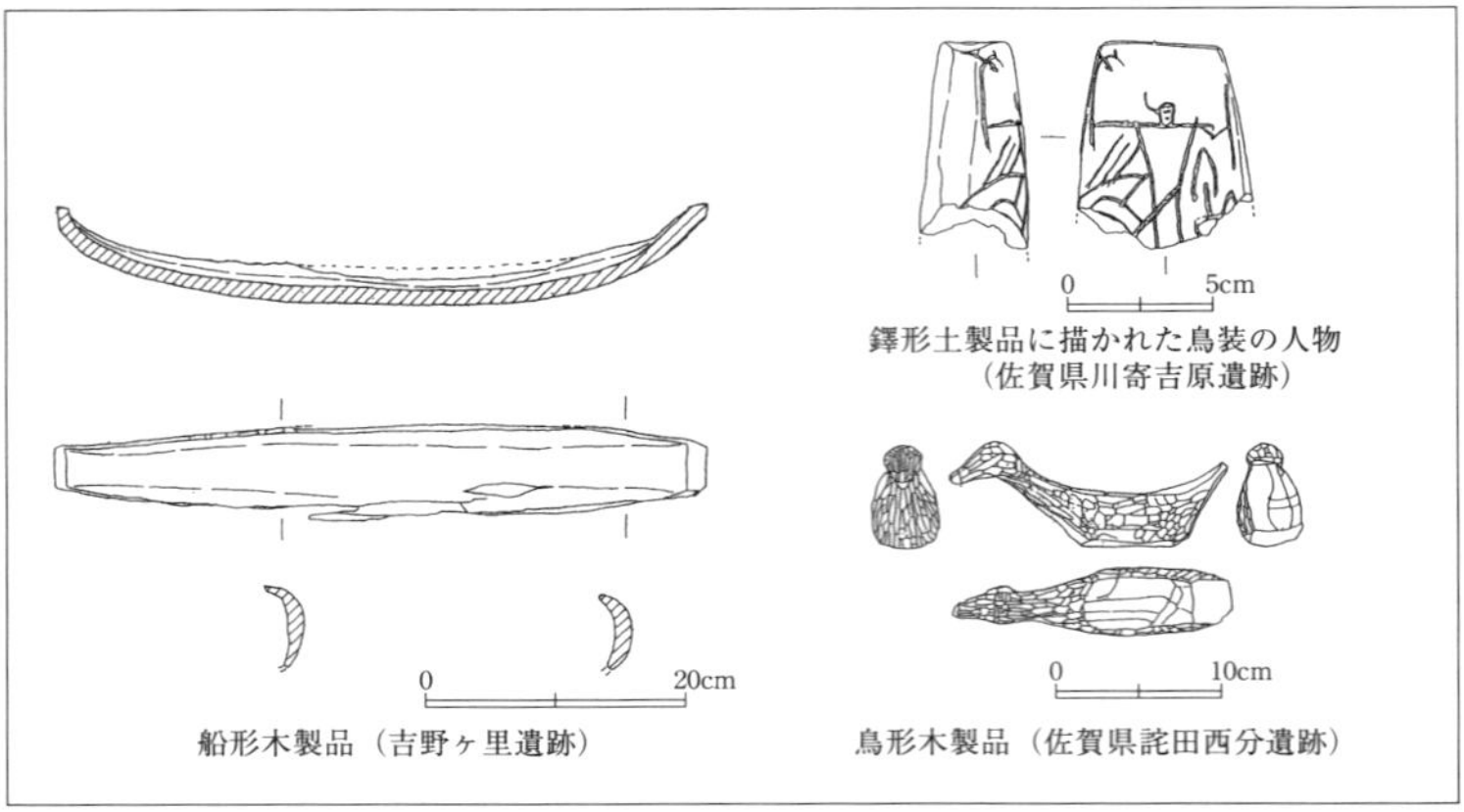

図54　吉野ヶ里とその周辺から出土した木製品

日本ではとくに弥生文化を中心とした時期に、中国文化との共通性を感じさせる信仰・祭祀関係の遺物・遺構が存在する。水稲農業伝播にともない、中国長江流域起源と考えられるいわゆる「天鳥船」信仰が伝わったことは、長江流域から雲南地方、さらには東南アジアの水稲農業地帯の初期稲作期から現代にいたる遺物などに共通の表現があることで理解できる。中国河姆渡《かぼと》文化の鳥と太陽を描いた象牙製飾板や、良渚《りょうしょ》文化の鳥をあしらった玉璧、後の銅鼓にみられる鳥装の人物や船の図案などと、弥生時代遺跡出土の鳥形木製品や舟形木製品、土器などに描かれた鳥装人物や太陽・舟は、水稲稲作文化共通の穀霊神話として、長江周辺から日本をはじめとする周辺地域へ広がったと考えられる。

　鳥取県稲吉角田《いねよしすみだ》遺跡の土器には、太陽のもと鳥装の人びとが漕ぐゴンドラ形の船が描かれている。近畿地方を中心に土器に鳥を描いた例は多い。吉野ヶ里遺跡近隣でも千代田町詫田西分《たくたにしぶん》遺跡の鳥形木製品や、鳥装の人物を描いた神埼町川寄《かわより》吉原《よしはら》遺跡の鐸形土製品や東脊振村瀬ノ尾《せのお》遺跡の壺形土器など、汎西日本的な共通した内容をもっている。また、吉野ヶ里遺跡からは長さ五〇センチメートルの舟形木製品が出土したが、両側が大きく反り上がるゴンドラ形のもので、舷には櫂座と考えられるくぼみが多く表現されており、東アジア全域に分布する鳥人が漕ぐ船の形態と類似する。舟形木製品は祭祀用具と考えられるが、外洋航行が可能な大阪府久宝寺南遺跡から出土した推定長一〇メートルの準構造船のようなものの模型とも考えられ、航海・交易などに関する祭祀具と考えられなくもない。ほかに、剣や矛・戈など青銅や鉄製の武器を模した木製品も多く発掘されたが、祭りのなかでの模擬戦に用いられたものであろう。

このように、弥生時代後期の吉野ヶ里集落の構造をみると、中国の後漢から魏にかけての礼制（「座北朝南《ざほくちょうなん》」）にもとづく祭祀権者あるいは首長と臣下の居住空間、墳墓や祭壇などの配置関係が認められる。吉野ヶ里遺跡も含めた日本の弥生社会全般において、一般集落や民間信仰として農業祭祀としての「天鳥船」信仰や祭祀が行われ、吉野ヶ里集落をはじめとする弥生時代終わり頃の日本各地の首長たちは、中国的な祖霊祭祀と天的祭祀を行ったものと考えられる。

V　吉野ヶ里遺跡にみる交流

弥生文化は中国大陸や朝鮮半島の先進文化が流入して成立したが、その内容は大陸文化要素・縄文文化の伝統的要素・国内で固有に発達した要素の三つに分けて考えられている。北部九州の弥生文化は、朝鮮半島に最も近いという地理的条件から、大陸文化の色彩が濃い。出土した数々の遺物のなかに大陸・半島起源のものが多く含まれることや、発掘された竪穴住居跡や貯蔵穴などの個別の施設、環壕集落といった集落構造にも彼の地の文化要素を認めることができる。また、沖縄を含めた国内各地との交流をうかがうことのできる資料も多い。

1　大陸・朝鮮半島系の遺物

中期前半（前二〇〇年前後）までは朝鮮半島青銅器文化の影響がつよく感じられるが、中期前半以降は中国・楽浪文化の影響をつよく感じる文物が出土している。

朝鮮半島系と考えられる遺物としては、集落跡や墳墓から出土する磨製石器や朝鮮系無文土器、銅剣・銅矛の鋳型、細形銅剣などがある。しか

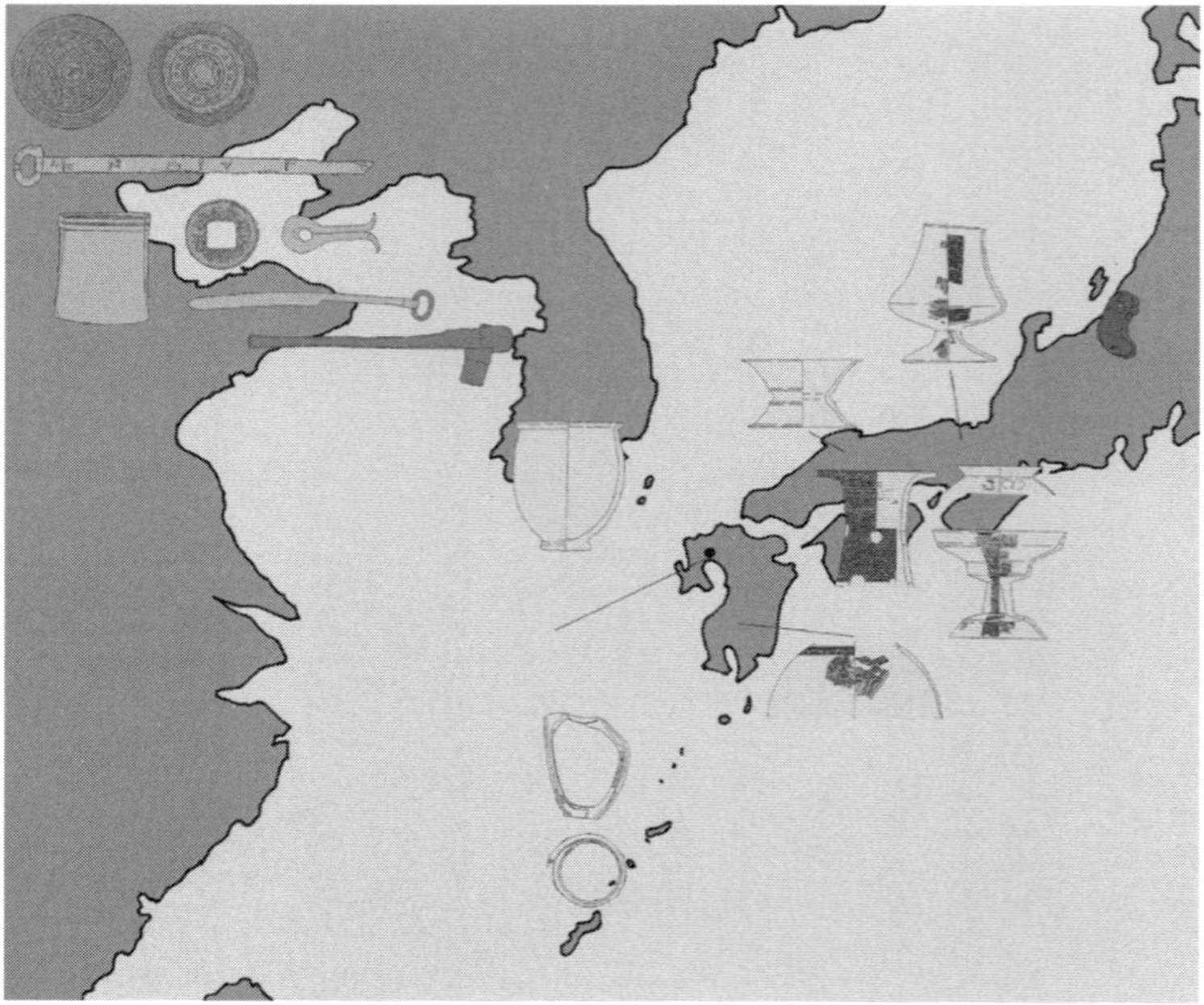

図55　吉野ヶ里のクニから出土した国内外の文物

し、これらの大半は国内あるいは吉野ヶ里集落で生産された可能性が高いものであった。吉野ヶ里遺跡を含め初期の青銅器鋳型を出土する佐賀平野の集落跡では決まって朝鮮系無文土器がともない、甕棺墓から出土する人骨のほとんどが渡来系とよばれる朝鮮半島の同時代人骨と形質が似通っていることなどから、これらの文物は半島から渡来した人びとあるいはその子孫によって製作されたと考えられる。

中国系と考えられる遺物としては、青銅製素環頭付き鉄製刀子、鉄製蝶番、鋳造鉄斧、漢式鏡、青銅製耳飾（指輪？）、貨泉などがある。これらのなかでは、中期前半以前の青銅器鋳造工房と目される土壙から出土した鉄製刀子および鋳造鉄斧側片利用の鑿と、中期前半の甕棺墓から出土した鉄製蝶番、中期前半の竪穴住居から出土した青銅製耳飾二点が最も古く、中期中頃の甕棺墓出土の鉄鎌と考えられるもの、中期後半の甕棺墓から出土した漢式鏡（連弧文鏡《れんこもんきょう》）、後期以降の銅鏡片三点や鋳造鉄斧三点、鋳造鉄斧側片利用の鑿数点、貨泉などの時期的変遷をたどる。これらに加え鋳造鉄斧を装着するための木製柄が後期前半の溝跡から出土しているが、鉄斧を装着する受け部を柄に差し込んで目釘で固定する組合せ式のもので、その形態は北朝鮮平壌周辺の楽浪漢墓から出土するものと酷似しており、この地域から将来したものと考えられる。

　吉野ヶ里遺跡周辺には中国製銅鏡や素環頭鉄刀を副葬した甕棺墓を主体とする墳墓が分布している。東脊振村の三津永田遺跡や松葉遺跡・横田遺跡、東脊振村と三養基郡上峰町にまたがる二塚山遺跡、上峰町の一本谷遺跡などである。玄界灘沿岸の福岡平野や糸島平野、唐津平野などの「王墓」とよばれる須玖遺跡や三雲遺跡群、桜馬場遺跡などが多数の鏡その他の副葬品を出土するのとは違って、一棺に一面の鏡（と鉄刀）をもった墳墓が多数存在している。

　国内への鉄器の流入は、福岡県曲り田遺跡の縄文時代晩期（弥生時代早期）竪穴住居跡出土の板状鉄斧が現在のところ初現とされているが、一般には弥生時代中期中頃以降に増加する傾向がある。しかし、吉野ヶ里遺跡においては、青銅素環頭付きの刀子や鋳造鉄斧再利用の鑿、国内で類例がない蝶番など（図56）多様な文物が中期前半までに流入したことは注目される。吉野ヶ里遺跡周辺の中期後半以降の墳墓から、漢式鏡と鉄製素環頭太刀が多数出土する状況の前段階の交流状況を示しているかのようである。吉野ヶ里遺跡の中期前半の遺構から出土した初期の鉄製品は、漢帝国

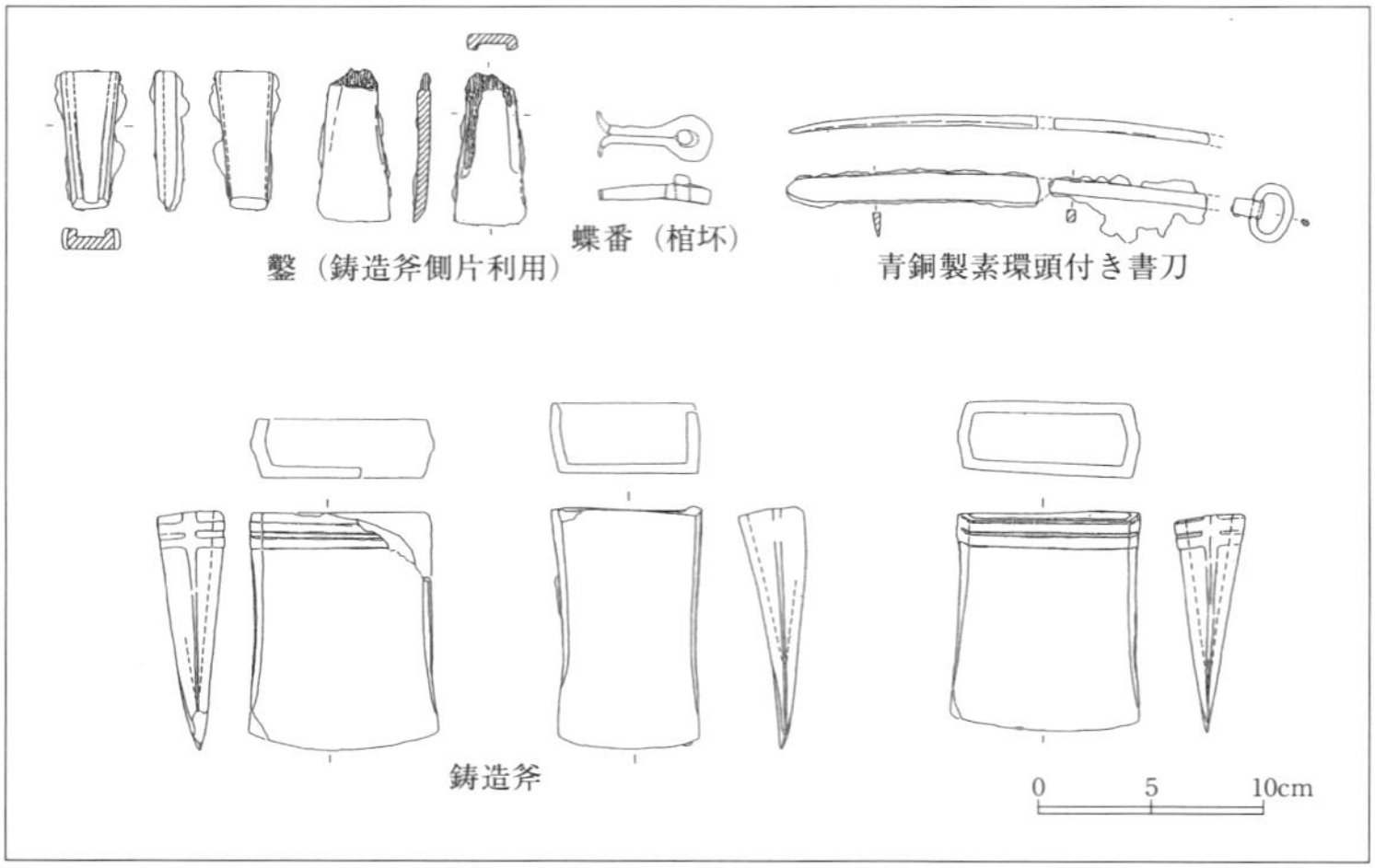

図56　吉野ヶ里から出土した鉄器

が北朝鮮平壌に楽浪郡治を設置した時期をさかのぼるものも存在すると考えられ、中国の戦国時代末期に鉄器が流入したとされる朝鮮半島の状況を含めて考慮する必要がある。

また、墳丘墓の中期中頃の甕棺墓から有柄式細形銅剣とともに七九点出土したガラス管玉のガラス原料が、分析の結果中国湖南省長沙《ちょうさ》産のガラスと成分がほぼ同一ということが明らかになっている。なお、吉野ヶ里遺跡出土のこの管玉と同じ巻き抜き技法でつくられた長大な管玉は、扶余合《ふよごう》松里《しょうり》遺跡・唐津素素里《とうつそそり》遺跡・公州鳳安里《こうしゅうほうあんり》遺跡など韓国忠清南道《ちゅうせいなんどう》一帯の墳墓から数点ずつ青銅器にともなって出土し、また中国東北地方の墳墓からも数点出土しており、吉野ヶ里出土管玉の生産地については朝鮮半島も視野において考える必要がある。

2　国内他地域の要素をもつ遺物

国内本土の他地域との関係が深い遺物として、弥生時代前期から中期にかけての石器や、後期以降の土器、翡翠などがあげられる。土器は、とくに後期後半以降に近畿・山陰・瀬戸内・中九州から流入したものや、それらの地域の影響を強く受けたものなどがある。打製石器の原料として、黒曜石は縄文時代前期に朝鮮半島南部にもたらされたことが知られる伊万里市腰岳、サヌカイトは小城市・多久市一帯で産出したものがおもに用いられている。磨製石器である石包丁は地元でつくられたものも一部混じるが、大半は福岡県飯塚市一帯で産出する赤紫色泥岩をはじめとする他地域産出の岩石で、石斧（太型蛤刃石斧）はほとんどが福岡市今山産の玄武岩でつくられたものである。

土器については、後期以降に中九州、畿内、瀬戸内、山陰地方の形態をもったものが出土する。とくに後期後半終末期から古墳時代初頭にその数を増すが、大半は壺形土器や器台、手焙形土器など非日常的なものが多い。吉野ヶ里集落の港津と考えている有明海沿岸に位置する佐賀郡諸富町の弥生時代終末期から古墳時代初頭の集落跡群からは、上記地域に加え東海地方の形態をもつ土器が出土している。

石器・土器以外の遺物では、新潟県糸魚川周辺で産出する上質の翡翠でつくられた勾玉一点が青銅器工房と目される中期前半の土壙から出土している。このような広域的な交流のありさまは、青銅器や鉄器、絹布など当地方に集積され生産された手工業産品に起因するものと考えられる。

奄美・沖縄地方と関係の深い遺物としては、ゴホウラやイモガイの貝殻でつくられた腕輪があ

図57　吉野ヶ里遺跡で出土した他地域の形態の特徴をもつ土器

る。これらは佐賀平野を含む筑紫平野・福岡平野地方を中心とした地域の甕棺墓から多数出土している。これまでに吉野ヶ里遺跡では、九基の甕棺墓から計六五個の腕輪が発掘されており、昭和初期にも甕棺内からゴホウラ製のものが二個発見されている。

佐賀・福岡の甕棺墓を営む集団は、真珠のような輝きを放つ南海産貝殻でつくられた腕輪を大いに好んだ。奄美・沖縄から運ばれた貝殻を粗加工した素材を南九州地方から入手し、中期後半以降に盛んにつくられたものと考えられる。このように、北方の朝鮮半島や中国大陸のみならず、南の南西諸島方面とも盛んな交流を行っていたことが、貝製腕輪から理解できる。

吉野ヶ里遺跡の腕輪を着けた人物、銅剣や銅鏡を副葬した人物の多くがさまざまな織り・染色のある絹の衣服を着ていたことも明らかになっている。政治・宗教上高い階層・身分に属する人物がこれらの貴重な文物をもつことができたと考えられるが、貝製腕輪を着けた人物は、墳丘墓など特別な墳墓ではなく一般の集団墓地のなかに葬られている点では、宗教上の高い身分にあったと考えられる。

先に述べたように古墳時代から中世にかけての国内外の古記録には、有明海を通じた対外交流を裏づける多くの記述があることや、吉野ヶ里遺跡の南方約一〇キロメートルに位置する諸富町の集落群では弥生時代終末期から古墳時代前期にかけて東海系土器をはじめとする他地域の土器群が多く出土することなどから、当時の有明海沿岸、筑後川河口右岸に半島のように突き出した諸富町の集落群が、交易などの対国内外との交流にはたした役割は大きかったと考えられる。

3　吉野ヶ里環壕集落にみる中国古代城郭構造の導入

日本原始時代の集落は、縄文時代晩期（弥生時代早期）の水稲農業技術の伝播と時期を同じくして、その構造に変化をきたす。縄文時代において長期間つづいた環状集落・馬蹄形集落といった伝統的な集落構成が解体し、竪穴住居を主体とし周囲に貯蔵穴（穴倉）を配する農業集落の基礎が形成される。この状況変化とともに将来したのが、朝鮮半島系石製磨製農工具や、支石墓、松菊里型とよばれる独特な竪穴住居形態などで、これら新様式の文化は系譜上朝鮮半島から移入されたことを示している。

このなかで注目されるものは、環壕集落という集落様式の伝播である。初現的な農村である福岡県江辻遺跡でも環壕らしい溝跡が確認されており、福岡県那珂遺跡では大規模な縄文時代晩期の環壕跡が発掘されるなど、新文化流入とほぼ時期を同じくして環壕集落という集落形態ももたらされたと見てよい。縄文時代晩期の環壕集落跡は北部九州にかぎって存在するが、弥生時代前期以降、水稲農耕の東への伝播とともにその範囲は東北地方まで拡大する。これまでに九州地方から東北地方までの広い範囲で、四〇〇カ所以上確認されており、近年の発掘調査によって増加の一途をたどっている。

弥生時代中期（前二世紀～前一世紀）になると、奈良県唐古鍵遺跡や平等坊《びょうどうぼう》遺跡、大阪府池上曽根遺跡、佐賀県吉野ヶ里遺跡などの大規模環壕集落が形成され、ピラミッド構造の地域集落群のなかで頂点に位置する中核集落として存在する。なかには大型掘立柱建物が内部に建築されるなど、祭祀とかかわりの深い非日常的な空間も設けられるようになる。

しかし弥生時代後期になると、佐賀平野の集落の様相は一変する。集落内に別の環壕や柵によって内郭を設け、その内側に祭祀と関連深いと考えられる大型建物や、物見櫓など防御的な施設を設けるなどして集落の体裁が整えられる。まさに、クニの中核集落としての姿を整えはじめたということができる。

日本の初期環壕集落が、朝鮮半島の青銅器時代環壕集落の系譜をひくことは、その形態や同時期に流入した多くの文化要素からみても明らかであるが、佐賀の弥生時代後期の環壕集落構造は、前期以降の伝統の上に、異なった要因が加わり変革がなされたものと考えられる。また、近年明らかになりつつある朝鮮半島南部の原三国時代環壕集落のなかにも、前代とは異なった集落構造を見出すことができる。

（一）朝鮮半島南部と北部九州の後期環壕集落跡にみる特殊な集落構造

朝鮮半島では、新石器時代の環壕集落跡として晋州《しんしゅう》上村里《じょうそんり》遺跡が唯一知られているが、農耕具と考えられる磨製石器群が出土するなど、新石器時代後期のうちに環壕集落が出現した可能性を示した点で重要である。青銅器時代の環壕集落跡は、現在までに蔚山《うるさん》検丹里《けんたんり》遺跡など一〇カ所以上が確認されている。扶余松菊里遺跡を除けば、すべてが半島南部地方に存在していることになる。

北部九州の初期環壕集落跡は、そのほとんどが玄界灘と有明海沿岸の福岡県・佐賀県に集中している。縄文時代晩期〜弥生時代前期の環壕集落跡としては、福岡県の那珂遺跡・板付遺跡・葛川遺跡、佐賀県吉野ヶ里遺跡などが知られているが、その内容となると、不明な点が多いといわざるをえない。環壕がめぐる平面形やその断面形態、出土する遺物から推定される系譜など、両者に共通する点が多く、北部九州初期環壕集落の直接の源流が、朝鮮半島南部の青銅器時代環壕集落であることを示している。

弥生時代中期の環壕集落跡は、従来九州では確認例は少なかったが、ここ数年の発掘によって吉野ヶ里遺跡以外でも、長崎県原の辻遺跡などで大規模な環壕集落の存在が明らかになったが、その内容は現時点ではあまり明らかになっていない。

弥生時代後期の環壕集落は全国的に確認例は多いものの、大規模なものが減少するなか、北部九州では近年の発掘調査によっていくつかの大規模環壕集落跡が発見された。佐賀県吉野ヶ里遺跡、長崎県原の辻遺跡、福岡県平塚川添遺跡などである。これらの集落では、全域を環壕により取り囲まれた大規模集落の内部に小規模環壕や柵によって取り囲まれた特別な空間である内郭などが形成され、さらにその内部に象徴的かつ大規模な建物群が建築される。

朝鮮半島南部の環壕集落跡

原三国（三韓）時代の環壕集落跡としては、金海鳳凰台《きんかいほうおうだい》遺跡、梁山平山里《りょうさんへいざんり》遺跡、金海大成洞《きんかいたいせいどう》遺跡、昌原南山《しょうげんなんざん》遺跡、加音丁洞《かおんちょうどう》遺跡などがある。それぞれに興味ある特徴をもつが、とくに注目される環壕集落跡として梁山平山里遺跡を挙げることができる。高所に位置するこの遺跡は、それまでの環壕集落とは違って、初めて本格的な防御施設を備える点で注目されている。遺跡は南北を谷によって囲まれた丘陵上の緩傾斜地に立地する。直線的に延びる東西方向の環壕跡とその内側に木柵の設置穴跡、内部の二四基の竪穴住居跡などからなる集落跡で、火災によって廃絶したとも考えられている。環壕跡埋土の断面観察から、環壕の外側に土塁が存在していたものと考えられている。つまり、環壕の外に土塁、内側に柵をもつ厳重な囲郭施設である。

とくに注目されるのは、環壕の出入口構造である。掘り残して設けられた出入口両側の環壕は内外にずれており、東環壕の先端はＬ形に折れ曲がり、環壕内側の木柵も集落の外側へ連続して設けられている。また門周辺にはやや規模が大きい柱穴が存在することから、出入口はとくに厳重に守りを固めていたと考えられる。環壕の出入口については、無文土器時代中期の晋州大坪里玉房《たいひょうりぎょくぼう》Ⅰ地区遺跡や、後期の慶山林堂洞《けいざんりんどうどう》Ⅰ地区遺跡で、二重環壕跡の出入口と考えられる環壕非掘削部分の両環壕の先端がずれているらしい点などから、青銅器時代にさかのぼって平山里のような出入口構造が存在した可能性も否定できない。

平山里遺跡では、出入口の内側に接して三間×六間規模の掘立柱建物跡が存在する。柱穴が小規模なので、細長い柱材を多数用いて高さを求めた物見櫓ではないかと考えられる。北は急峻な谷となっており、西の丘陵くびれ部から南、さらには東にかけて丘陵裾部をめぐる外環壕が存在した可能性も考えられる。

鳳凰台遺跡では、鳳凰台の独立丘陵の裾部を全周するらしい環壕跡が、丘陵上部では、時期は不明であるが小規模な環壕跡が確認されている。周囲の外環壕と同時期に丘陵尾根に小規模な環壕によって内郭を形成していた可能性が考えられ、今後の発掘調査が期待される。

昌原南山遺跡の環壕集落も含めて、半島南部の原三国時代の環壕集落跡が周辺の平野部からみると高所に立地しており、それ以後同様な環壕集落が見られないことから、戦略拠点が山城に移った可能性も考えられている。

北部九州有明海沿岸における環壕集落の変質

弥生時代前期までの環壕集落は、蔚山検丹里遺跡を代表とする朝鮮半島南部の青銅器時代環壕集落に源流をもつものと考えられるが、中期以降、その構造に変革をきたす。柵によって囲まれた集落である福岡県小郡市一の口遺跡では、中期前半に属する柵が半円形に突出した内部に掘立柱建物跡が存在することなどから、国内には存在しなかった外的要素が集落構造に影響を与え始めたとみることができる。また、佐賀県平林遺跡では、部分的な調査ではあったが、掘立柱建物群からなる中期末から後期前半にかけての集落跡の一画を折れ曲がった環壕で囲んだ部分が発掘されている。

その後、後期中頃まで特殊な構造の環壕集落の類例をみることはできないが、後期中頃以降の北部九州有明海沿岸（筑後川流域を含める）地方の

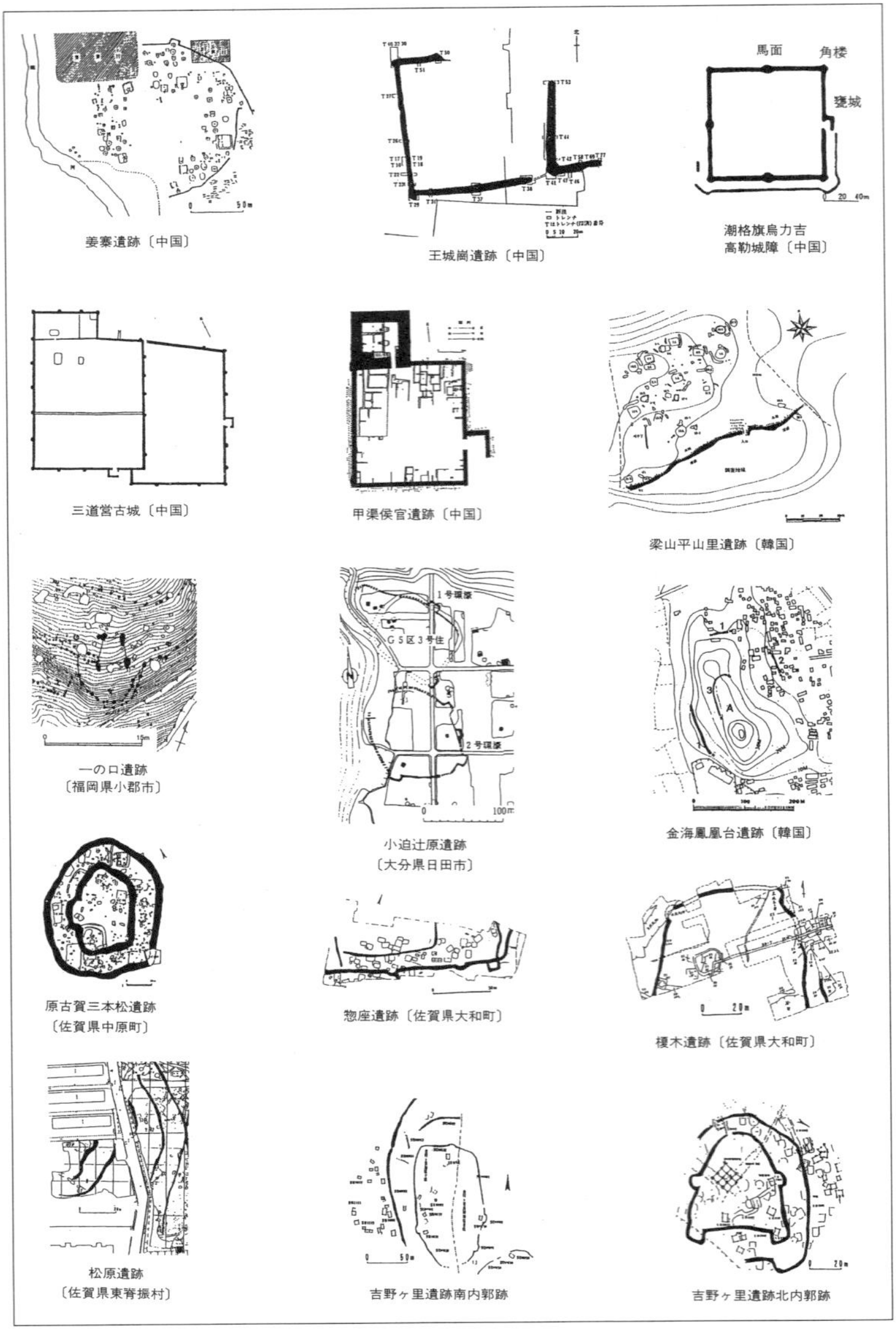

図58　環壕に突出部をもつさまざまな集落遺跡と豪族居館

環壕集落の構造をみると、注目すべき施設が出現している。大きく半円形に張り出す環壕出入口や両側の環壕の位置をずらした出入口、内側に物見櫓をもつ平面半円形の環壕突出部、鍵形に折れ曲がる構造の出入口などである。これらの施設は吉野ヶ里遺跡に顕著である。外環壕の南部の出入口は、幅四・〇《メートル》の出入口の両側まで掘削された環壕の位置が内外にずらされ平面半円形の空間をつくりだしており、北部の幅七・〇《メートル》の出入口部分は平面半円形に大きく張り出している。いずれも中期までの環壕集落にはない特殊な構造である。後者の構造に類似した出入口跡は、福岡県太宰府市国分松本遺跡の中期後半の壕跡で確認されている。水を張った壕が大きく突出する部分に橋状（木道）施設が存在していた。

また、吉野ヶ里遺跡では、後期後半から終末期にかけての北内郭の出入口は、二重の環壕の土橋部分を左右にずらし、柵に囲まれた鍵形に折れ曲がる特殊な構造となっており、後期後半から終末期にかけての南内郭や北内郭を囲郭する環壕の各所には平面半円形やコ字形の突出部が存在し、その内側に一間×二間（六本柱）の掘立柱からなる物見櫓と考えられる建物跡が存在する（図59、60）。とくに注目されるのは北内郭跡において、直線的に延びる部分の突出部は平面半円形で、環壕の屈曲部分の突出部が平面コ字形である点である。このような環壕突出部をもつ環壕跡は九州地方において吉野ヶ里遺跡を中心とした佐賀平野東部（九遺跡一四環壕跡）と福岡県久留米市（道蔵《どうぞう》遺跡の一環壕跡）、同八女市（中里遺跡の一環壕跡）、大分県日田市（小迫辻原《おざこつじばる》遺跡の二環壕跡）の有明海沿岸と筑後川流域地方に集中して存在している。しかし、環壕突出部にともなう物見櫓と目される掘立柱建物跡が確認されたのは、吉野ヶ

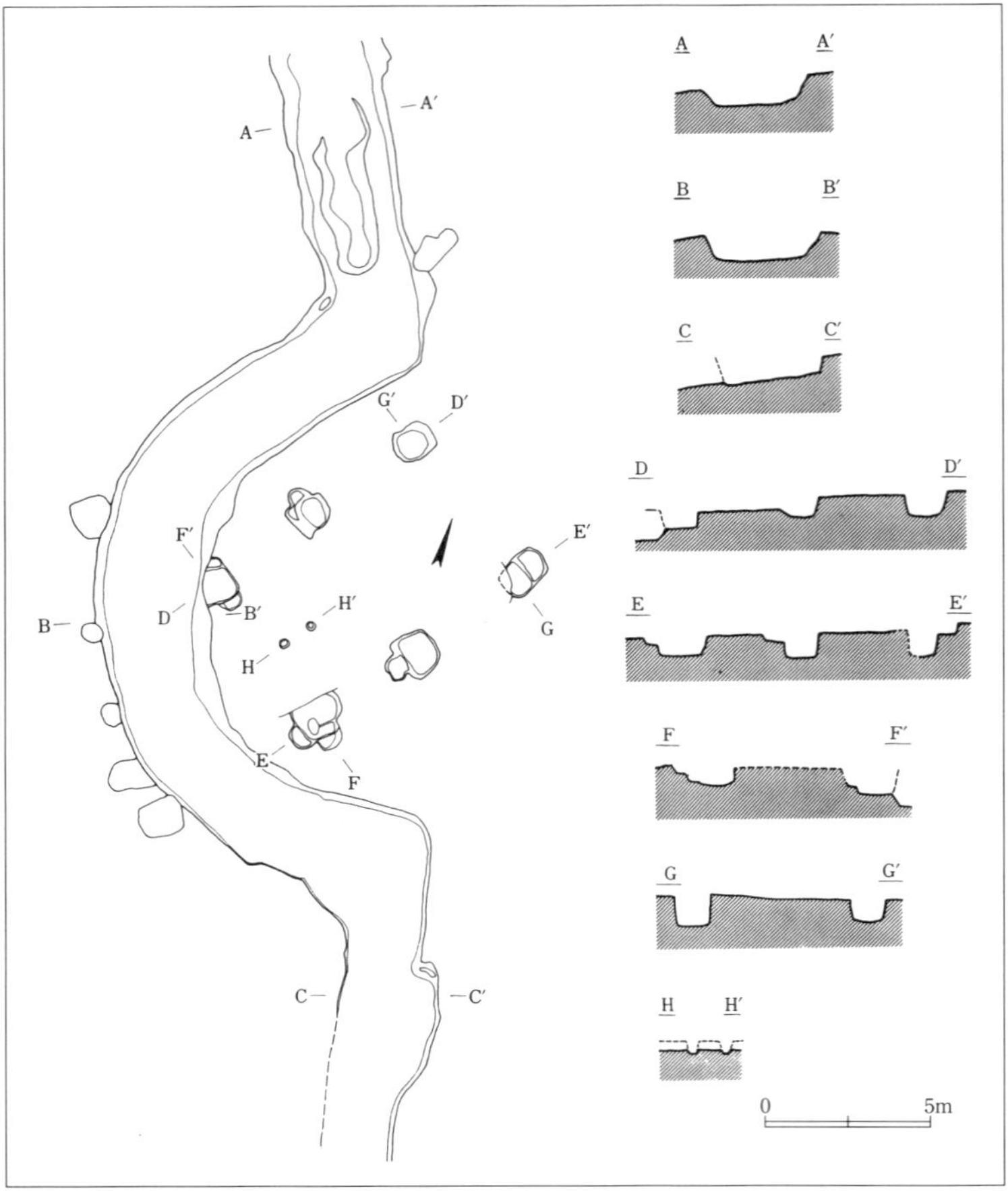

図59　南内郭西辺の物見櫓と環壕実測図（佐賀県教育委員会1992『吉野ヶ里』より）

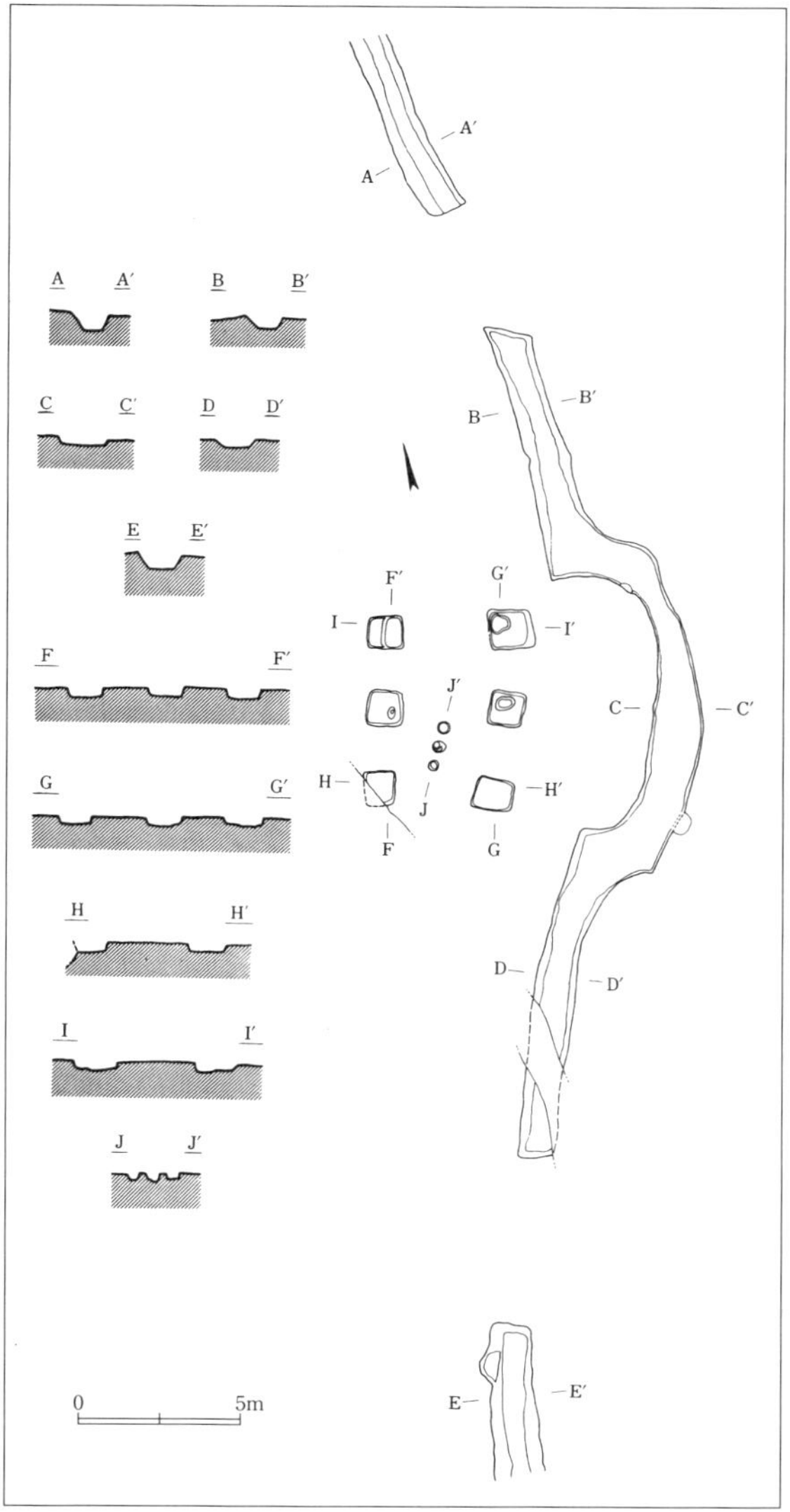

図60　南内郭東片の物見櫓と環壕実測図（佐賀県教育委員会1992『吉野ヶ里』より）

里遺跡のみである。

　このような突出部をもつ環壕構造は、古墳時代以降全国的に存在するいわゆる豪族居館へと引き継がれる。その代表として五世紀に属する群馬県の三ツ寺Ⅰ遺跡や原ノ城遺跡などが挙げられる。三ツ寺Ⅰ遺跡では豪族の居住施設や政務のための施設、祭祀施設などを内部に設けていたものと考えられている。

中国の環壕集落と城郭

　吉野ヶ里遺跡環壕集落跡の構造的特徴となっている環壕突出部や物見櫓跡、鍵形の出入口跡は、数多く発掘された日本の弥生時代集落跡としてはきわめて異例といわざるをえない。その構造の源流はと問われれば、中国の古代城郭であると答えざるをえない。

　中国では、新石器時代前期彭頭山文化期の興《こう》隆窪《りゅうわ》遺跡や八十垱《はちじゅうだん》遺跡などで環壕跡が確認されており、前六十世紀までには環壕集落が形成されていたらしい。新石器時代中期前半（仰韶文化期、前五十世紀）の半坡《はんぱ》遺跡や姜寨《きょうさい》遺跡が著名である。姜寨遺跡ではほぼ平面円形にめぐる環壕によって囲まれた範囲が三・六ヘクタールと推定され、内部には中央広場を取り囲む形で竪穴式・平地式の大型小型の住居跡があり、周辺には貯蔵穴群が存在する。注目すべきは環壕の位置をずらした出入口や、環壕が外に向かってコ字形に突出する部分など、きわめて防御を意識した構造をもつことである。

　新石器時代後期になると、前二十数世紀頃の湖北龍山文化に属する屈家嶺文化期から石家河文化期にかけて、湖北省を中心に壕と城壁からなる大規模な城郭集落が形成されていたことが陰湘城《いんしょうじょう》遺跡などの発掘によって明らかになった。前三十世紀後半の龍山文化中期には河南省の平糧台《へいりょうだい》遺跡や王城崗《おうじょうこう》遺跡などで直線的な城壁をめぐらす城郭が発掘されている。平糧台では門遺構が確認され、内部から基壇上の住居跡やその他の住居跡が発掘されている。王城崗では城壁の隅が外へ膨らんでおり、防御施設である後世の角楼を想起させる。春秋戦国時代の斉国の都城である臨淄《りんし》古城や燕国の下都などは、壕と城壁をめぐらす都城跡で、城壁などの防御施設に囲まれた内部には政治中枢が置かれ、人びとが集住し、銅器や鉄器などの手工業生産工房、交易のための市が存在する。臨淄古城の門は壕や城壁を平面半円形に外へ突出させており、後世の防御施設である甕城の原型と考えられている。

漢・三国時代の城郭構造は、戦国時代にできた基本構造を踏襲しながら改良された。前漢時代の内蒙古三道営古城の城壁には等間隔に馬面が、隅には角楼と考えられる突出部が配置され、出入口（門）は甕城のようなL字形の鍵形構造をとっている（図61）。同じ漢代と考えられる内蒙古の烏力吉高勒城障や青庫倫城障でも、方形の城壁の隅に角楼と平面L字形の附属の城壁からなる出入口を除く三方の城壁中間に馬面と考えられる防御施設を設けている。また、甘粛省居延の甲渠侯官《こうきょこうかん》や隧跡《すいあと》などでも平面L字形附属の城壁からなる鍵形の出入口施設が確認されている。壮大な規模の漢や三国時代都城の城壁は、まさにこのような防御施設からなっている。『墨子《ぼくし》』の守城関係の諸論や、『守城機要《しゅじょうきよう》』などに記されたように、中国古代城郭の城壁には、障壁の各所に平面半円形や方形の突出部、平面L字形や半円形の附属の城壁からなる門（出入口）が設けられている。

漢の楽浪郡治、魏の帯方郡治と目される平壌周辺の土城跡は、中国本土の城郭構造を基礎にして営まれただろうことは容易に推定されるが、この

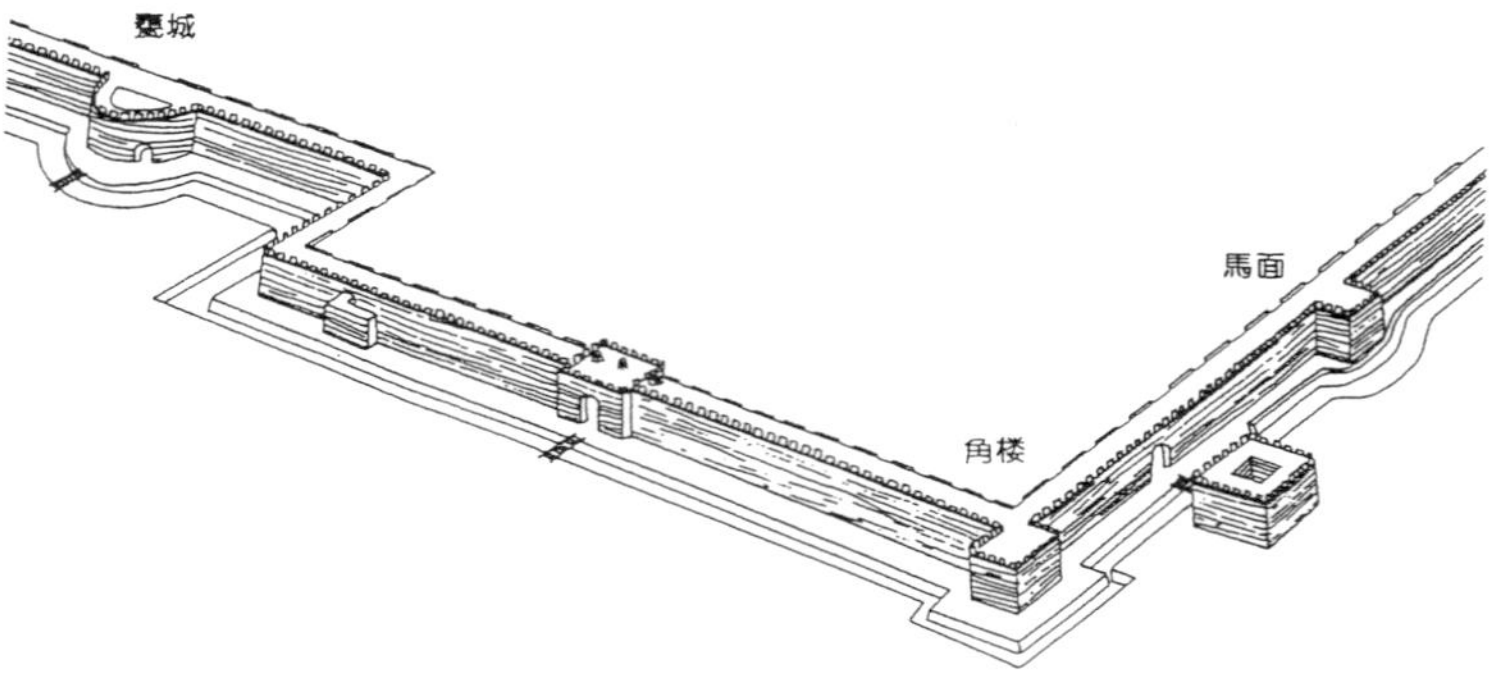

図61　中国戦国時代～三国時代の城郭

うち楽浪郡治跡は戦前の調査で、建物跡や磚舗装道路などが発掘された平壌市楽浪土城跡に、また、帯方郡治は黄海北道青山里土城跡一帯にその位置を推定されている。これらの土城跡周辺に存在する土塁には屈曲部その他に高まった部分が存在しており、おそらく中国式城郭の城壁にみられる馬面や角楼などの防御施設が遺存したものと考えられる。

『三国志』「魏書東夷伝」にみる韓・倭の集落構造

「魏書東夷伝」には、中国東北部中部以南から朝鮮半島・日本にかけての地域の事情を記している。「夫余《ふよ》」「高句麗《こうくり》」「東沃沮《ひがしよくそ》」「挹婁《ゆうろう》」「濊《わい》」「韓（馬韓・辰韓・弁韓）」「倭人」に分けて記されているが、首長層の存在や種別、家屋や集落構造に関する記述は、国としてのまとまりの状況を示唆しているものと考えられる。

このなかの集落構造に関する記述には、各国・

地域ごとに区別されて記されており興味がもたれる。首長の居住空間である「宮室」や一般構成員の住居「穴居・草屋・土室・屋室」など竪穴住居（や平地式住居）の記述を除けば、集落の外郭線である「城柵」や、集落全体の呼称である「城郭」の有無を明記している。筆者は『三国志』の内容の真否について批判する能力をもたないが、これらの記述を、朝鮮半島南部の原三国時代や日本弥生時代後期の集落跡の発掘調査によって蓄積された情報と照合してみる必要があると考えている。

とくに、朝鮮半島南部の三韓の記述をみると、馬韓では冒頭に「城郭なし」、辰韓では「城柵有り」、弁韓では「城郭有り」となっている。これまでに韓国で確認された青銅器時代から原三国時代の環壕集落のほとんどが慶尚南道にあたる弁韓地域に集中していることは、この記述を裏打ちするかのようである。

「城」は環壕から掘り上げた土を土塁として周囲に積みめぐらせる施設であり、「柵」は木柱列を立て並べた施設である。壕の記述が見られないことは、壕は土塁（城壁）を築くための単なる採土跡であると考えることも可能で、丘陵斜面に盛られた土塁を低位置から俯瞰した様子は、聳え立ち、まさに城壁らしく映る。「城郭」はさらに進歩したつくりの囲郭集落であり、内部に区画を有するとともにさまざまな施設を設け、中国本土の城郭に類似するものが存在したらしいことを知ることができる。

倭では、「城郭」の記述こそないが、「南至邪馬台国、女王之所都」や「収租賦、有邸閣、国国有市、交易有無、使大倭監之。……自女王国以北、特置一大率」と、倭女王卑弥呼の宮殿の様子を「居処・宮室・楼観・城柵厳設、常有人持兵守衛」

と記していることなどから、ある程度の中央集権的な官僚組織や初期の軍事組織、さまざまな施設の存在が想起され、そこには環壕・土塁や物見櫓などの防御施設、特別区画である内郭の存在など、城郭ともよぶことができる集落の存在が想起される。

朝鮮半島南部でこれまでに発掘された青銅器時代環壕集落では、環壕の形態や、内部に特別な施設がみられないことなどから、環壕・土塁と柵からなる城柵段階の集落であったものと考えられるが、原三国時代の梁山平山里遺跡の環壕集落に見られる出入口構造や物見櫓らしい施設の存在などから、今後、城郭ともよべる地域の中核集落が発見される可能性は高いと考えられる。

吉野ヶ里集落の中国化の要因

吉野ヶ里環壕集落は規模を拡大させながら変遷し、先に述べたように、最終的には中国城郭を意識したつくりの集落へと変容するが、その要因として、おそらく弥生時代前期以降の絶間ない朝鮮半島との交流、中国史書に記された楽浪郡や帯方郡さらには中国本土、韓諸国との交易・外交などに起因しているものと考えられる。

「魏書東夷伝」の記述からは、中国王朝の版図拡大路線や王朝交代にともなう混乱は、高句麗や公孫氏などとの関連で、朝鮮半島北部の各国に波及したものの、韓国や一海を隔てた倭までは波及しなかったことを知ることができる。さらに二三八年に魏が公孫氏を滅ぼすと、韓や倭の首長層は魏に対し朝貢を開始するなど、中国の版図に属する動きを見せる。

『漢書』「地理志」に「楽浪海中有倭人、……、以歳時来献見云」、『後漢書』「倭伝」に「建武中元二年、倭奴国奉貢朝賀、……光武賜以印綬。……安帝永初元年、倭国王帥升等献生口百六十

表5　「魏書東夷伝」の主な記述

地域	国数・戸数	首長・官吏等	集落構造・交易関連その他の記述
夫　余 中国吉林省一帯	8万	君主	**宮室・倉庫**・牢獄あり。槨ありて棺なし。兵器は弓矢・刀矛。
高句麗 中国遼寧省・吉林省・北朝鮮北部	3万	王あり。大君主なし。	**都、宮室、小城、宗廟**、大倉庫なし。牢獄なし大屋をたてて鬼神を祭りまた霊・星・杜稷を祀る。
東沃沮 北朝鮮咸鏡北道一帯	5千	大君主無し、長帥	居処は句麗に似る矛を持ちて歩戦。槨をつくる、死者は仮に埋め皮肉がなくなれば骨をとり槨の中におく。
挹　婁 中国吉林省・ロシア		大君主無し、大人	常に穴居す。射をよくす。弓の力は弩のごとし。
濊 朝鮮半島東半部	2万	大君長無し、官（侯・邑君・三老）	疾病で死亡すれば旧宅を捐棄し新居を作る。
韓　馬韓 朝鮮半島南西部	50余国、10余万	長帥（臣智・邑借）	城郭無し、草屋・土室、居処は冢のような草屋・土室をつくるが出入り口は上にある。棺ありて槨なし。諸国には別邑ありて大木を立て鈴鼓をかけ鬼神に事かう。州胡…乗船して往来し中韓に市買す。三韓の王である辰王は馬韓の月支国に治す。
辰韓 朝鮮半島南東部	24国、4～5万	渠帥（臣智・険側・…）	城柵有り、小別邑、大鳥の羽をもって死を送る。鉄を出す韓？・倭従にこれを取る。
弁韓 朝鮮半島南部			城郭有り、居処は辰韓と同かまどを設けるにみな戸の西にあり。
倭 西日本	使訳通じる国30国、7ヶ国で20万戸以上	倭国…女王、官、一大率、大倭 諸国…長官、副官、大人	都、宮室・楼観・城柵、邸閣、屋室、国々に市あり、対馬国・一支国…南北に市糴す。兵器には矛・盾・木弓を用いる。

人、願請見」、「魏書東夷伝」に「景初二年六月、倭女王遣大夫難升米等詣郡、求請天子朝献、……其四年、倭王復遣使……」と記すように、倭の首長たちは、前漢時代から中国王朝に対し政権が交替してもつねに朝貢関係を維持していた。

晋州大坪里玉房I地区遺跡や慶山林堂洞I地区遺跡の出入口らしい遺構などから、朝鮮半島では日本よりさかのぼった時期に、特殊な構造が存在した可能性があるが、明確ではなく今後の調査に期待しなければならない。北部九州においても、やや遅れるが、弥生時代中期前半の福岡県一の口遺跡で見られる柵の突出部と内側の物見櫓と目される建物跡に特殊性をつよく感じる。漢の楽浪郡設置前後の時期にあたるため、『漢書』「地理志」の朝貢記述のような状況のもと、あるいはそれ以前の公孫氏との政治交渉などによって導入された可能性もある。

特殊な構造の出入口や物見櫓などの明確な防御施設や、環壕で囲まれた内部に内郭が形成された可能性が梁山平山里遺跡や鳳凰台遺跡などで指摘されるように、原三国時代の環壕集落は、青銅器時代のそれと比較して構造的に大きく異なる点をもっている。原三国時代と時期を同じくする佐賀平野の弥生時代後期以降の環壕集落もさまざまな防御施設を設けるなど構造的に変革をきたしている。この環壕集落の大きな変革には共通する外的要因があったものと考えられる。その要因とは、楽浪・帯方郡を含めた中国王朝と韓、倭それぞれとの政治交渉にともなう両国官吏や軍人の往来と考えられる。この人的交流によって、倭・韓の環壕集落構造に中国式城郭構造の一部が導入され、あるいは影響を与えたものと考えられる。

倭・韓の首長層は、地域社会統合のために、中国王朝の傘下にあることを、環壕集落の構造や象徴的な建物などの施設によって示す必要があったものと考える。

（二）吉野ヶ里の市

弥生の市はあったか？

『三国志』「魏書東夷伝」倭人伝には、弥生時代後期の倭の国々にはすでに市が存在していたと記している。はたして弥生時代集落のなかに市の存在を考えることができるのだろうか。

先に述べたように、集落構造に関しての「東夷伝」の記述が適切である可能性が高いことなどから、倭の地域の中枢と推定される大規模集落には交易のための市が付随したものと考えられる。しかし、市の痕跡を発掘によって確かめることは至難の業とされてきた。

生活に必要な余剰物品あるいは特定の用途をもつ特産物などを交換する行為は古くから行われていた。縄文時代の日本でも新潟の翡翠やアスファルト、各地で産する黒曜石や玄武岩などの石器素材が広域に流通していることは、生産地と消費地との間にいくつかの交換行為が存在したことを示している。

弥生時代においても、早い段階で、北部九州では福岡市今山の玄武岩製太形蛤刃石斧や、飯塚市立岩周辺の赤紫色泥岩製石包丁など手工業産品の広域的な流通が知られているが、ほかにも余剰穀物や手工業産品やその原料など多くの物品が交換によって移動したことは想像に難くない。日本とりわけ北部九州の弥生時代の集落跡や墓地跡からは、国内の他地域のものをはじめ、中国や朝鮮半島の製品など広範囲で生産された文物が出土する。文物移動のおもな原因として、そのものを携えた人びとの移動、交易による流通、国家間の外交（朝貢）、戦争による略奪などが考えられる。

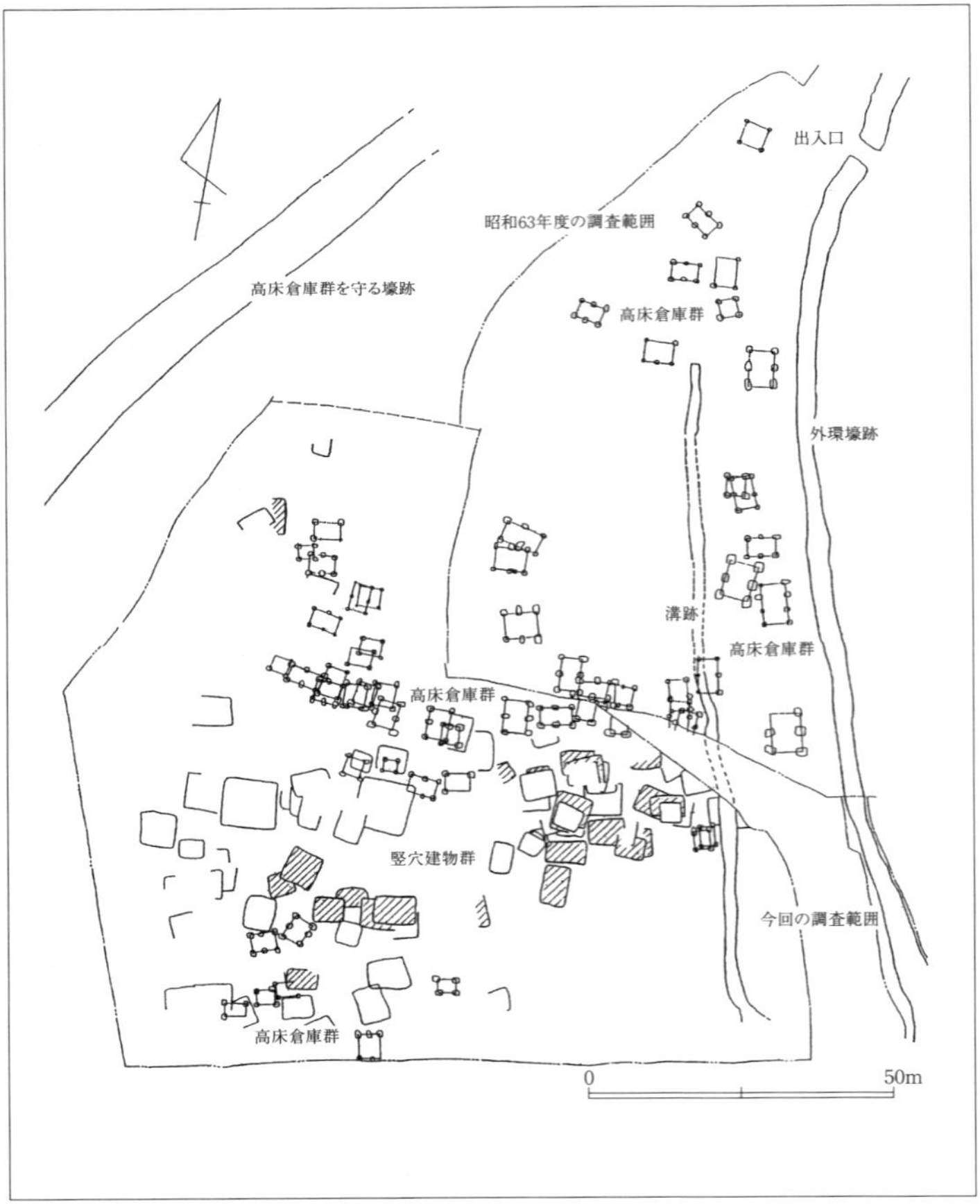

図62　吉野ヶ里遺跡の高床倉庫と考えられる掘立柱建物群

水稲農業の経済基盤の上に多様な手工業生産が加わり、弥生社会は大きく発展したが、このことは集落間の経済格差を生み、ピラミッド構造の地域集落群としてのまとまりを生んだ。北部九州や近畿地方をはじめとする中核集落跡やその周辺で発掘されるさまざまな手工業生産の痕跡がこのことを物語っている。生産された手工業産品は、米などの余剰農産品と同様交易によって各地へもたらされたが、そこには商品流通システムと流通ルートが存在したと考えられる。その流通の基点となるのが市であった。

吉野ヶ里遺跡では、平成十一年までの発掘調査で、四〇ヘクタール超の環壕集落跡の内部、南内郭の西側の低地で、さらに環壕によって囲まれた約三ヘクタールという広大な空間のなかで一〇〇基を越す高床倉庫と考えられる掘立柱建物跡群が発見された（図62）。もちろんこの一〇〇基の高床倉庫が同時に存在したわけではないが、大型の倉庫跡がまとまって存在し、そのエリア内にいくつかの空間と竪穴住居跡が存在していたことは注目された。しかし、数多い弥生集落跡の発掘がなされているものの、いまだ市の跡と断定できる資料は確認されていない。はたして市の遺構は存在しないのか、未発掘なのか、発掘されているのにわれわれが認識することができないだけなのか。中国・朝鮮半島からの視点も含めて、弥生時代の市について、また、吉野ヶ里集落に市が存在した可能性があるのかという点について考えてみた。

「魏書東夷伝」にみる交易と市

「東夷伝」には、大半の国・地域の記述に朝貢などの交渉記事はあるものの、交易や市に関する記述については韓伝と倭人伝のみにしか見られない。韓伝の馬韓の条には「また州胡あり、馬韓の西海中の大島の上に在り、……船に乗りて往来し中韓に市買す」

とあり、辰韓の条には「国は鉄を出だす、韓濊・倭みな従にこれを取る、諸々の市買はみな鉄を用う、中国で銭を用いるがごとし」、倭人条には「対馬国……船に乗りて南北して糴を市す」、「一支国……南北して糴を市す」や「租賦を収む、邸閣あり、国々に市あり、交易の有無は大倭をしてこれを監せしむ」とある。倭人条の邸閣と市の記述については「邸閣ある国々に市あり」と読む説もある。つまり、大きな倉群のある国に市が存在すると解釈することもできる。

これらの記述の大半は、交易のありようや市での売買行為について記している。馬韓の交易の中心であった州胡は、済州島北岸の健入洞《けんにゅうどう》（山地《さんち》港《こう》）遺跡が存在する済州市一帯と考えられるが、それをさかのぼる弥生時代中期を中心とした時期には、釜山の西約九〇《キロメートル》の三千浦市沖の島に位置する勒島《ろくとう》遺跡から出土する楽浪・韓・倭の文物が示すように、おもに海路を利用した交易が盛んであったことを示している。

大量物資の輸送に船は不可欠であった。吉野ヶ里遺跡の弥生時代中期の環壕内から出土した長さ五〇《センチメートル》の舟形木製品は、船首と船尾が大きく反り上がり、舷には櫂座と考えられるくぼみが多く表現されている。まさに、鳥取県稲吉角田遺跡出土の土器に描かれたような鳥人が漕ぐ船――西の海から穀霊を運んできた船――を想起させるもので、外洋航行用の大型船の模型と考えられ、このような船が国内外との交易や政治交渉のための交通手段だったと推定される。

「韓濊・倭はみな従にこれを取」ると記された弁辰の鉄の生産遺構が原三国時代を中心とする慶州隍城洞《こうじょうどう》遺跡などで明らかになり、この記述を裏づけている。この鉄素材によって諸国はもちろん倭の各種生産が発展し、とくに倭では鉄をめぐる紛争も多かったものと推定されている。

　倭に関する記述は、他の国とは違い、国々には組織としての市が存在し、交易の内容を大倭という官吏によって監督されている旨を明記している。倭国における官僚制など中央集権組織の成立を示唆しているようでもある。中国王朝の交代や、高句麗や帯方郡をめぐる攻防による社会混乱の影響を、一海を隔てた倭は直接受けることがなかったために、『漢書』「地理志」や『後漢書』「東夷伝」に記されたような紀元前一世紀以来の中国との朝貢関係の過程で、文物の授受とともにさまざまな制度や施設の影響を受けた可能性もある。

古代中国の市

　古代中国の市の様子については、発掘された遺構や画像石《がぞうせき》に描かれた絵画などから推定することができる。中国では古くから経済が活発化し、都市の周辺あるいは内部に常設の市（店）が設けられ、日用品を含めたさまざまなものなどが売られるようになった。

　春秋戦国時代の市の跡は多く発掘されているが、広範囲かつ明確に発掘されたのは、紀元前七～四世紀にかけての秦の都城である雍《よう》の市跡である。城内北東部に位置し、南北一六〇メートル、東西一八〇メートルの垣で囲まれた約三ヘクタールもの範囲を占める。四方の垣の中央ではそれぞれ大規模な市門跡が確認されている。この時代に城内で市の規模が大きくなったのは、手工業、商業の発展によるところが大きいが、戦争による破壊から防御する必要があったからだとも考えられている。

　前漢の都長安城内北西隅には西市と東市の二つの小規模な市が、場外の郭には大規模な九つの市（広さ三里—一六六歩平方—約六ヘクタール弱）が設けられていた。そこには市の役所である高層の旗亭（市楼）が設けられ、三輔都尉に属する市の役人が「商賈、貨財、買売、貿易の事を察」していた(『三輔黄図』巻二)。旗亭はのちに「上に二重楼あり、鼓を懸げ、之を撃ち以て市を罷ましむ。鐘一口あり、之を撞けば五十里に聞こゆ」(『洛陽伽藍記』巻二)とあるように、楼の上層に置かれた太鼓や鐘、あるいは旗によって、市門の開閉を知らせていた。『漢書』に「長安の西市を起こし、敖倉を修む」、『史記』に「太倉・西市を立つ」とあり、市と大型倉との深い関係を知ることができる。

　後漢・魏の洛陽城(図63)では、城外西の郭に洛陽大市(広さ四里―約八ヘクタール)が、東の郭に洛陽小市(広さ一里―約二ヘクタール)が設けられ、魏・晋時代には南の郭に南市が設けられた。『洛陽伽藍記』巻四によれば、これらの市では屠販・歌舞音曲・醸造・葬儀なども業としていた。後漢時代(二世紀)の四川省彭県義和公社出土の画像磚には、市の風景が描かれている(図64)。磚の左右隅にそれぞれ北市門、南市門の文字があり、周囲の簡単なつくりの建物の屋内や、中央から手前の広場では商品を売り買いしている様子が描かれている。門があるので、周囲には囲いがあったと考えられる。また、同じ後漢時代の四川省成都市郊外出土の画像磚に描かれた市(図65)は規模の大きいもので、磚の周囲には囲いがあり、上と左の隅にそれぞれ北市門、東市門と記された門が、また右隅にも門が描かれている。囲いの内部を四等分する大きな十字路があり、これにより四分割された空間には整然と建物が並び、十字路の中央には高層建築の市楼が設けられている。市楼の二階には、市門の開閉を告げるといわれる太鼓が描かれている。彭県の画像磚が日常的な市を描いているのに対し、この画像磚に描かれた市は公に設置された大規模なものであったと考えられ、都や地方の大

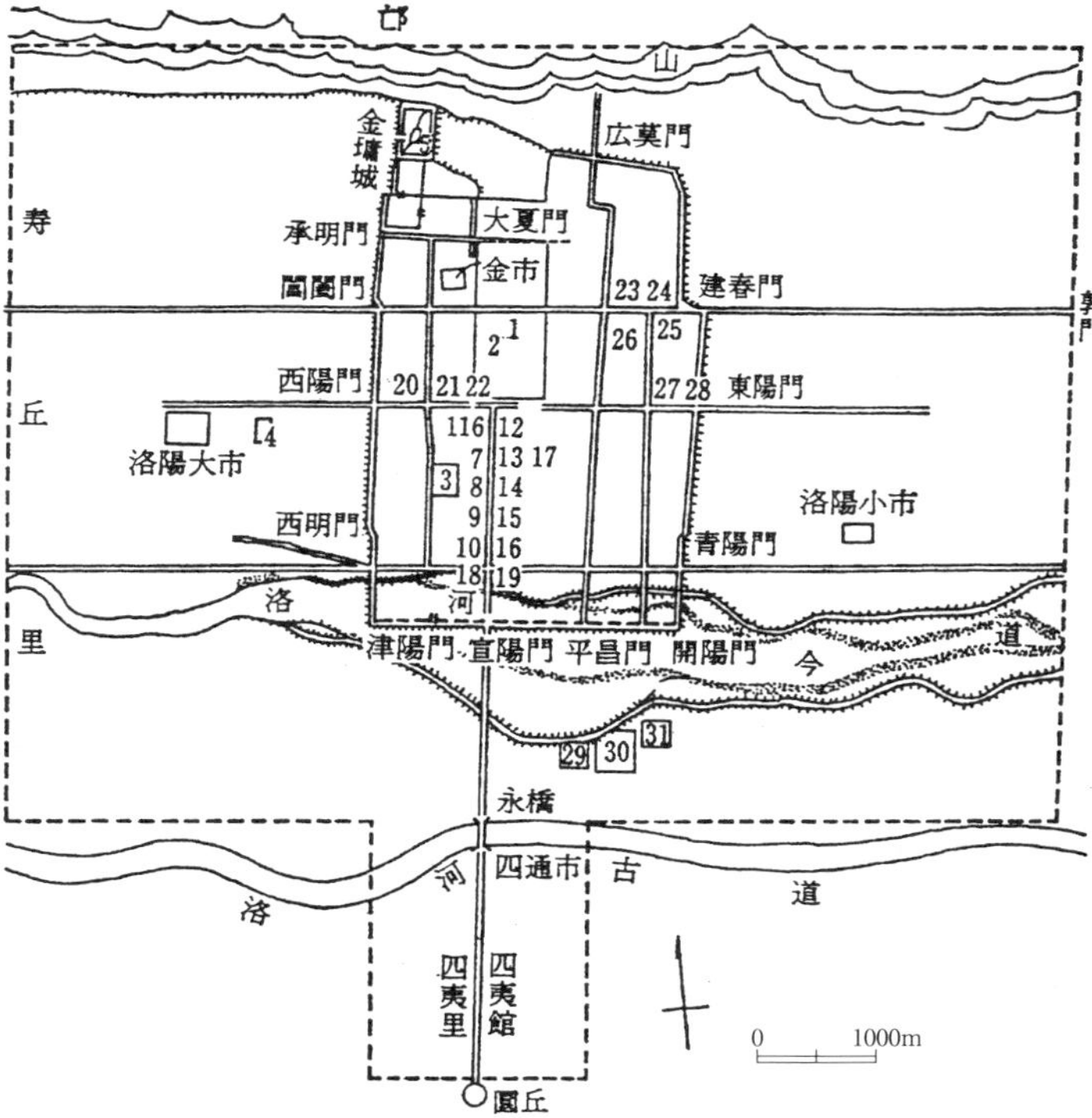

図63　北魏洛陽城（3世紀）

都市に設けられた市であった可能性が高い。

吉野ヶ里に市はあったか

吉野ヶ里遺跡の発掘は、弥生時代初頭から弥生時代後期終末期、ひいては古墳時代初頭までの集落・墓地の変遷を明らかにしつつある。とくに後期後半から終末期にかけての調査は、広大な地域で発掘された膨大な数の遺構個々の性格を、全体の分布・配置状況から推定することを可能にした。

しかし、どのような遺構を市の痕跡と判断するのかが問題となる。南内郭跡西方の外環壕跡とさらに西方の壕によって囲ま

図64　中国後漢時代の市の風景（四川省彭県出土画像磚　2世紀）

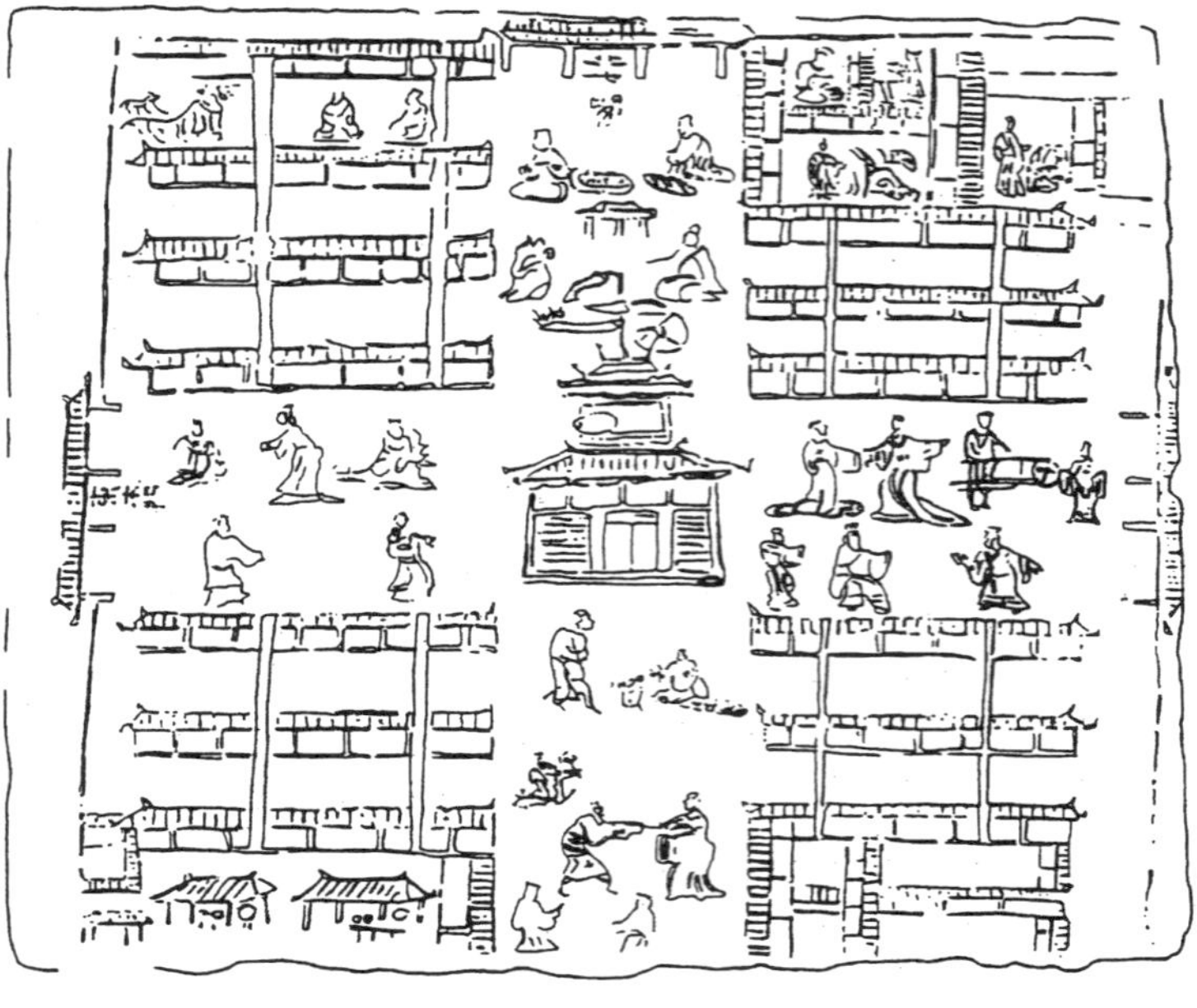

図65　中国後漢時代の市の風景（四川省成都郊外出土画像磚　2世紀）

れた空間で発掘された多くの高床倉庫と考えられる弥生時代後期後半から終末期にかけての掘立柱建物跡群については先に述べたが、後の開墾や整地などによって削平されたこの地域の一メートル弱の部分には、収納物をはじめ倉庫群、あるいは市に関する情報が多く存在していたはずである。もし、それらの情報を手に入れたとしても、市を構成する各種施設以外の空間構成や、商取引などの人間行動の総合体としての「市」のありようを推定することは困難であるといわざるをえない。

先に述べたように、吉野ヶ里遺跡を中心とした有明海沿岸・筑後川流域地方の拠点的集落には中国都城の構成要素が見られるが、このことは帯方郡や中国本土との政治交渉の結果だと考えている。その往来の際の伝聞や、実際に都城や城郭都市、市井で垣間見た市に関する情報が倭に伝わった可能性も否定できないのである。

「東夷伝」には、唯一倭の国々に市が存在した旨を記している。中国の正史に「市有り」と記された倭の国々の市は、一般的な物々交換のための簡易な市ではなく、中国のそれに似た大規模かつさまざまな施設が整い、管理組織をもつ市であったからにちがいない。

吉野ヶ里遺跡の発掘によって明らかになった中国古代の都城構造（とくに防御施設）の伝播の可能性や、王が北に座し臣下が南に朝する「座北朝南」という中国後漢・三国時代の礼制による都城構造が伝播した可能性、北内郭主軸（夏至・冬至の日出・日入の方向に一致）にみる天文（暦）知識伝播の可能性などからみても、また、中国史書にみる中国王朝と倭の首長たちの活発な朝貢外交からみても、公的な市のしくみや構造の一端が倭の中核集落のなかに具現された可能性は高いと考えられる。

倭における手工業生産の発展は、吉野ヶ里遺跡や福岡県須玖遺跡群、奈良県唐古鍵遺跡、大阪府池上曽根遺跡・愛知県朝日遺跡など地域の中核集落跡の調査で明らかになった青銅器、ガラス、石器、石製玉類の生産や、推定される鉄製品や木製品、絹布・大麻布などの生産、倭女王卑弥呼が魏に朝貢した際の貢納品などによって知ることができるし、交易の活発化は国内外各地域の土器の活発な移動などによって知ることができる。

市には自然発生的に成立した日常的な市と、国の中核集落内に設けられた市の二種の市、すなわち、公権力の及ばない市と大倭などによって監察される公的な市が存在していたものと推定される。後者にはおそらく市門をもつ囲い（壕・柵など）が存在し、内部の広場に店舗としての簡単なつくりの掘立柱建物群や空間、交易物資を収納した高床倉庫群が存在しただろうし、市を監察したたり、旗や太鼓などによって市門の開閉を伝えるための、また伊都国に治した大率と同様倭の諸国が畏れただろう市の監察官である大倭の執務・駐在の役所である旗亭（市楼）のような高層建物や施設などが存在した可能性がある。

さて、公的な市の存在を吉野ヶ里遺跡の内部に推定するとしたら、やはり、中国の市が城壁や垣などで囲郭されていることからも、高床倉庫跡群が存在する南内郭跡西方の外環壕と丘陵裾をめぐる壕によって囲郭された広大な空間を考えるべきであろう。そこには市楼とも目される高層建物が建て替えられて存在している。高床倉庫と考えられる掘立柱建物跡群は、いくつかの群に分かれて存在している。吉野ヶ里集落のみならず、国の物資を集中的に収納するとともに、余剰穀物や交易に供する手工業産品を収納していたものと考えられるが、内容物の種類や用途の違いなどによって、倉庫あるいは倉庫群の配置や使い分けがあったものと考えられる。吉野ヶ里遺跡の倉庫跡群の分布状況が、この使い分けを暗示しているのかもしれない。吉野ヶ里の倉に大型のものが多く存在することは、先の『漢書』や『史記』の記述から知ることができる市と大型倉との深い関係からみても興味深い。

先に述べたとおり、吉野ヶ里遺跡南方の当時の海岸地帯にあたる佐賀郡諸富町一帯の集落跡からは弥生時代後期終末期前後の東海地方以西の土器やそれらを模した土器が多数発掘されているが、河川をさかのぼって存在する吉野ヶ里遺跡からの出土数は少ない。各地から交易に訪れた人びとは、常時は港周辺に滞在し、公的な市が開かれるときに河川をさかのぼって市に参集した可能性がある。いずれにせよ、発掘から市の存在を確認するためには、発掘された古代中国の市跡や、磚などに描かれた市の様子を示す画像資料、あるいは中国古代の市に関する記録などを参考にする以外に方法はないかもしれない。

吉野ヶ里遺跡の高床倉庫群一帯で発掘された柱穴などの遺構から、小規模建物、倉、市楼などを推定することはまったく不可能ではないと考えられるが、やはり確定できるだけの情報は不足しているといわざるをえない。しかし、このような視点を常日頃念頭に置きながら、発掘調査・研究にあたるならば、弥生時代の市のありようが垣間見える日も近いと考えられる。

Ⅵ　吉野ヶ里遺跡と邪馬台国

1　吉野ヶ里のクニ

(一) 地域集落群の動向

吉野ヶ里遺跡を中心とした地域集落群は、母なるムラが発展した環壕集落と、域内の河川や丘陵などによって隔てられた小地域の小規模環壕集落、環壕をもたない大中小の集落群が有機的関係を保って成り立っていた。主導的立場の集落と従属的な小集落の存在や「倭人伝」の租賦の記述などから、税としての収穫物が小地域の拠点集落さらに地域の頂点となる中核集落へと納められたことや、環壕集落の環壕掘削を含む造営への地域内集落からの動員、さらには環壕集落が緊張時の逃げ城となったことなどが推察される。

北部九州地方における各地域の中核的な弥生集落は、周囲に環壕をめぐらせた丘陵上に営まれることが一般的であり、畿内周辺のそれとは様相を異にする。佐賀平野東部では、弥生時代前期段階で吉野ヶ里遺跡や東脊振村松原遺跡、みやき町町南遺跡などで丘陵尾根に環壕をめぐらす集落が営まれ、早くも地域の拠点集落としての体裁を整えていたものと考えられる。前期以降、一般的な集落が水田など農業生産場所に近い低地に立地しているのに対し、これら環壕集落は、貯蔵穴など穀物貯蔵という点での利点も考慮すべきであるが、日常生活には適さない丘陵上に営まれている。環壕が当初から略奪や戦闘からの防御目的で設けられた可能性が高い。

佐賀平野東部地域では、脊振山地南麓から平野へ派生した丘陵の上に中核集落が多く立地しているが、丘陵の幅の多少と集落規模の関係が認められる。もちろん周辺谷底平野などの水田可耕地との関係も考慮すべきであるが、ほかの環壕集落が立地する丘陵にくらべ、吉野ヶ里丘陵は現在水田として利用されている東西の丘陵裾部までの幅が五〇〇メートルから六〇〇メートルと広い。また、大規模環壕集落は、一方に丘陵崖が発達した丘陵に立地し、比較的大きな河川を環壕の一部として利用している。これらは防御的な面から当然のことと考えられる。

また、弥生時代後期になると、環壕で囲まれた小規模な防御集落が吉野ヶ里集落周辺で営まれるが、これらは吉野ヶ里集落を取り囲む位置、あるいは北方の山麓部や有明海に通じる河川に沿って分布している。吉野ヶ里集落の意思によって、交易や政治交渉のためのルートを守っているかのようである。

（二）集落間の格差とピラミッド構造

地域集落群のなかの集落を個別的にみてみると、その規模と立地条件、集落構造のちがい、集落の継続性、農業以外の手工業産生産、出土品の質と量などの違いによって、集落群のピラミッド構造が浮かび上がってくる。

立地については先に述べたが、環壕の有無やその規模の格差、集落内部の日常生活に必要のない諸施設充実度のちがいが明らかである。周辺の集落群が弥生時代のなかで一時的に営まれたもの、前期と後期といった断続的に営まれたもの、後期になって新たに営まれた集落であったのに対し、吉野ヶ里集落は弥生時代開始期からその終わりまで一貫して集落を継続的に発展させていた。周辺の弥生墓地のうち豪華な副葬品をもつ墓地のほとんどが前期から後期まで継続することと無関係ではないと考えられる。もともと母なる吉野ヶ里集落から分村して営まれた有力集落の墓地と考えてよい。

弥生時代の手工業生産については、青銅器やガラス製品、絹や大麻の織物、鉄製品、玉などの石製品、木器などが考えられるが、吉野ヶ里集落では前期から青銅器の生産を開始し、その後染織布その他の生産を発達させたことが明らかになった。大阪府池上曽根遺跡や奈良県唐古鍵遺跡など畿内周辺の大規模環壕集落においても石製品や青銅器などの生産がなされており、国内の地域の拠点となる集落跡でさまざまな製品を生産していたことからも、農業生産に加え手工業生産を発展させることが集落発展の経済基盤となった。

また、出土品の質や量からも集落間格差が浮かび上がってくる。吉野ヶ里のクニでは、その頂点に位置する吉野ヶ里では銅剣・銅鏡・戈などの日常生活に不必要な文物が多く出土し、土器・鉄器の出土数量も多いが、下位の集落になるにつれそれらの数量が少なくなる。周辺の集落跡をみても、あるクニの中核集落と考えられる三養基郡基山町千塔山遺跡や佐賀郡大和町惣座遺跡などでも鉄器の出土数が多い。

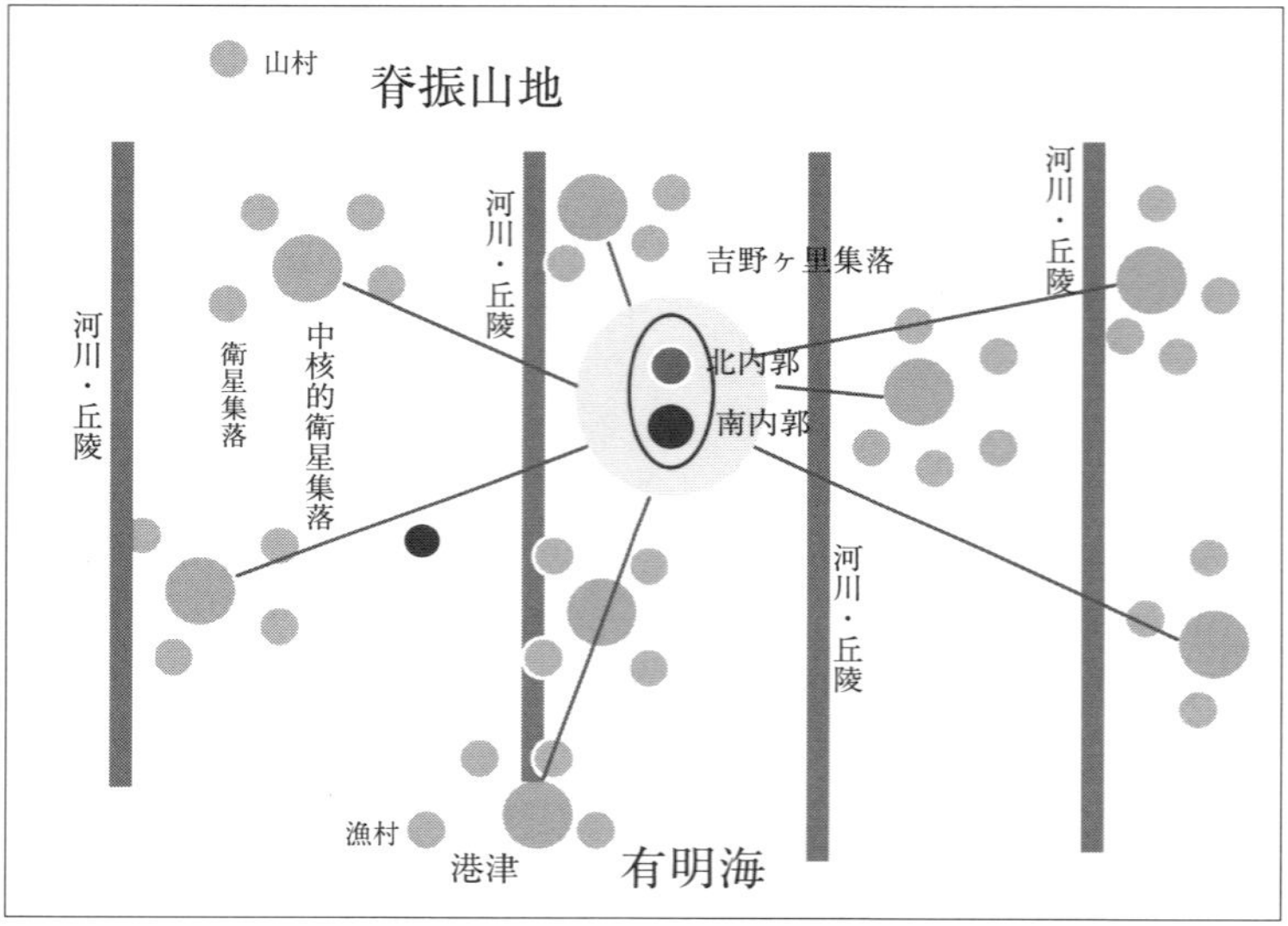

図66　吉野ヶ里のクニ

（三）吉野ヶ里のクニ

弥生時代のクニの範囲は、「倭人伝」記載の末盧国・伊都国などと律令時代以後の松浦郡・糸島郡などで知られるように、後の郡一つか二つ程度の領域だったと考えられる。すなわち、律令期以降の神埼郡と三根郡（現在の三養基郡西部）を占める区域が吉野ヶ里のクニの領域と考えられる（図66）。

この地域は、弥生時代前期からいくつかの環壕集落が営まれ、中期になると、千代田町詫田西分・姉・黒井遺跡、みやき町本分遺跡など南の有明海沿岸にまで貝塚をともなう大小集落が発展し、山麓部や丘陵上にも多数の集落が生まれるなど人口の急激な増加が認められる。このあたりの状況は、いたるところに甕棺墓を主体とする墓地が数多く営まれていることからも容易に察しがつく。後期になってもこのような状況に変化はないが、陸化し有明海に半島状に突き出した佐賀郡諸富町一帯には新たに多数の集落が営まれる。この集落群が交易のためのクニの主要な港津となったことは、東海地方以西の土器あるいはそれらの地方の形態をもつ土器群の出土から明らかである。

しかし、古墳時代になると、この地域の集落群は減少あるいは小規模化し、代わって西の佐賀市・佐賀郡周辺に集落が増加し、その首長たちはいわゆる畿内形前方後円墳の築造を始めている。吉野ヶ里遺跡の衰退もこの時期にいちじるしく、前方後方墳や方形周溝墓を営んだ集団だけが吉野ヶ里の高床倉庫群の跡地や北内郭の跡地に残ったのみであった。吉野ヶ里大環壕集落衰退の原因究明は、集落や首長層の移動といったことも含め今後解決しなければならない課題である。

吉野ヶ里集落の首長層の墳墓については、中期中頃までは墳丘墓の存在で明らかであるが、その後については不明といわざるをえない。吉野ヶ里遺跡をはじめとする佐賀平野東部の旧神埼郡（律令期の神埼郡・三根郡域）の弥生時代墓地から副葬品として出土した漢式鏡は現在までに約五〇面あるが、大型の鏡こそないものの、径の大きい鏡も多く存在する。後期以降、三津永田遺跡や横田遺跡などではこの中型の漢式鏡が鉄製素環頭太刀とともに出土しているが、佐賀平野においてこの太刀が多数出土していることは注目される。

岡村秀典氏は漢式鏡を、その径によって一八センチ以上を大型鏡、一六センチ前後を中型鏡、一〇センチ以下を小型鏡に分け、当時の倭人社会のなかでのそれらを副葬した被葬者の身分差を表す可能性を示した。鉄製素環頭太刀は漢王朝から贈与された権威を帯びた威信財であり、径一六センチ前後の中型の漢式鏡も威信財であり、外交などの政治交渉の結果、最終的に入手され、所有者の死とともに副葬

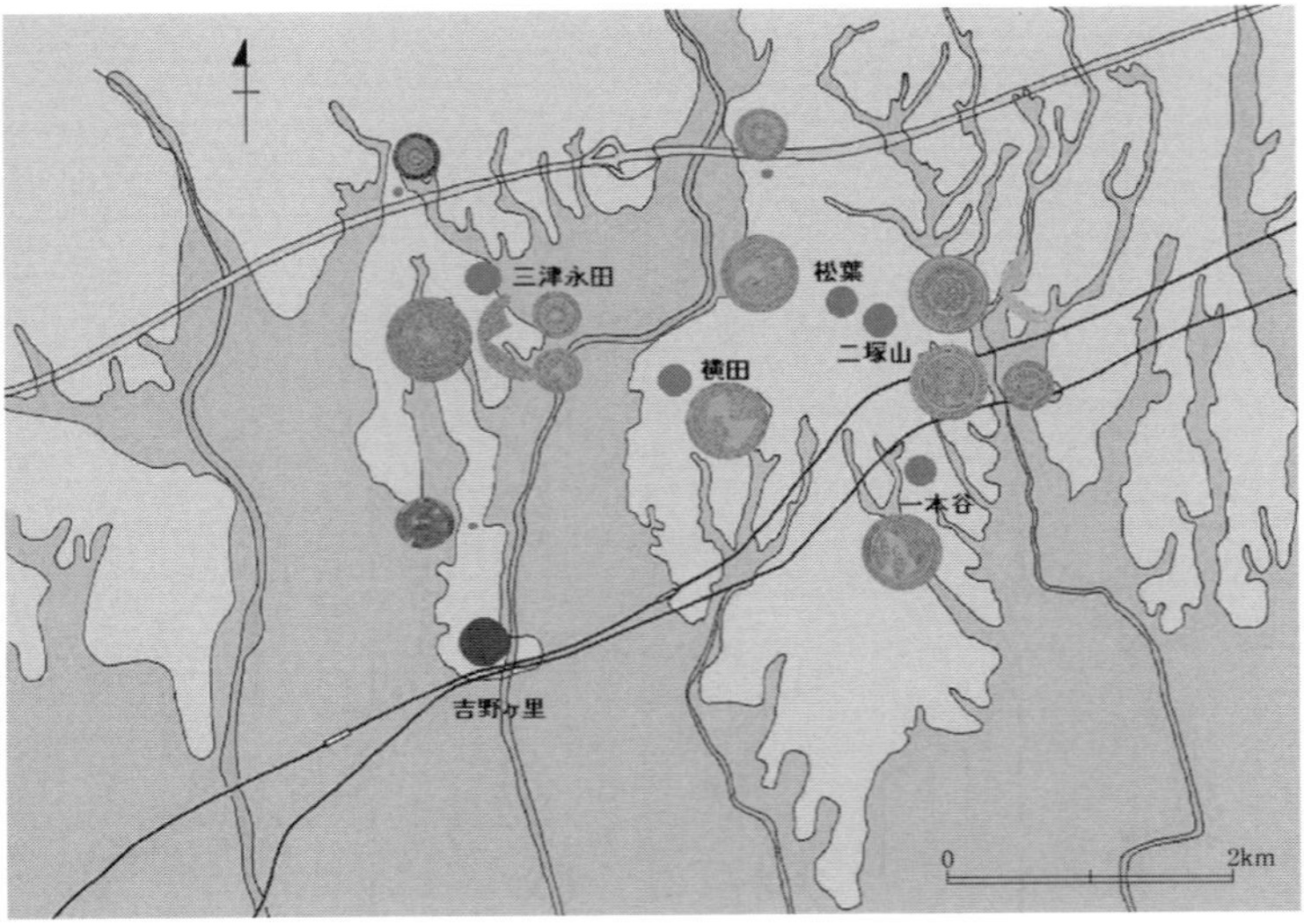

図67　吉野ヶ里遺跡周辺の主要な弥生墓地

されたとみられる。そのなかで、吉野ヶ里遺跡周辺弥生墓地での鏡式の時期的変化と出土傾向について、中型鏡がそれらの墓地の間を頻繁に移動して出土していることに注目している。

中型鏡所有者（首長）の墳墓の場所は、鏡式と出土墳墓の形態などから考えると、東脊振村二塚山〔連弧文「潔清白」鏡〕→東脊振村三津永田〔流雲文縁獣帯鏡〕→上峰町二塚山〔鋸歯文縁獣帯鏡〕→東脊振村横田（松原）〔方格規矩四神鏡〕・東脊振村松葉〔方格規矩四神鏡〕→東脊振村二塚山〔長宜子孫連弧文鏡〕・東脊振村三津永田〔長宜子孫連弧文鏡〕→上峰町坊所一本谷〔長宜子孫連弧文鏡〕へ、弥生時代中期後半から少なくとも後期中頃までの間に移動しつづけている（図67）。これらの墓地のなかで有力者を多く葬った墓地は吉野ヶ里遺跡の北方約二キロメートルに位置する三津永田遺跡と、東方約三・五キロメートルに位置する二塚山遺跡であった。これらの墓地は、前期末頃に母なるムラである吉野ヶ里から分村して成立した集落の墓地と考えられる。しかし、これらの墓地の近辺には、防御をめぐらせた環濠集落跡はもちろん大集落も発見されていない。

私はこのことから、弥生時代の中期後半以降、吉野ヶ里集落を頂点とする地域集落群のなかの有力集落からクニ全体の首長が選出され、吉野ヶ里集落に君臨し、死後は自分のムラの墳墓に権力を帯びた鏡や刀を添えて葬られるといった構図を想定している（図68）。これらの墓地から出土した虺龍文鏡や連弧文昭明鏡、石動四本松遺跡や上志波屋遺跡から出土した連弧文昭明鏡などの小型鏡もまた首長層を補佐する階層や司祭者身分の所有物であったと考えられる。

吉野ヶ里遺跡では、中期初頭の田手一本黒木地区南端（JR長崎線そば）の甕棺と、中期前半から中頃にかけて埋葬された北墳丘墓内の甕棺群から朝鮮式の銅剣が出土したが、中期後半以降青銅器副葬の実態が把握できず、漢式鏡についても集落内の環壕跡や竪穴住居跡から出土した後漢鏡片が三点あったのみであった。墳丘墓西の甕棺墓群から南海産貝輪多数とともに出土した小型の連弧文鏡は、一般の集団墓地と考えられる墓域にも小型銅鏡をもつことができる者、あるいは添えられる者がいたことを物語っている。

吉野ヶ里集落では、前期段階から青銅器鋳造を開始し、その後、絹（や鉄器？）などを加えた工業を推し進め、集落を大規模化していった。しかし、墳丘墓以降の中期後半から後期にかけての首長層のものと目される墳墓は、遺跡内あるいは近辺で発見されていない。また、この墳丘墓に葬られた首長たちがすべて成人であり、子供をともなわなかった。中期の段階から吉野ヶ里集落傘下の

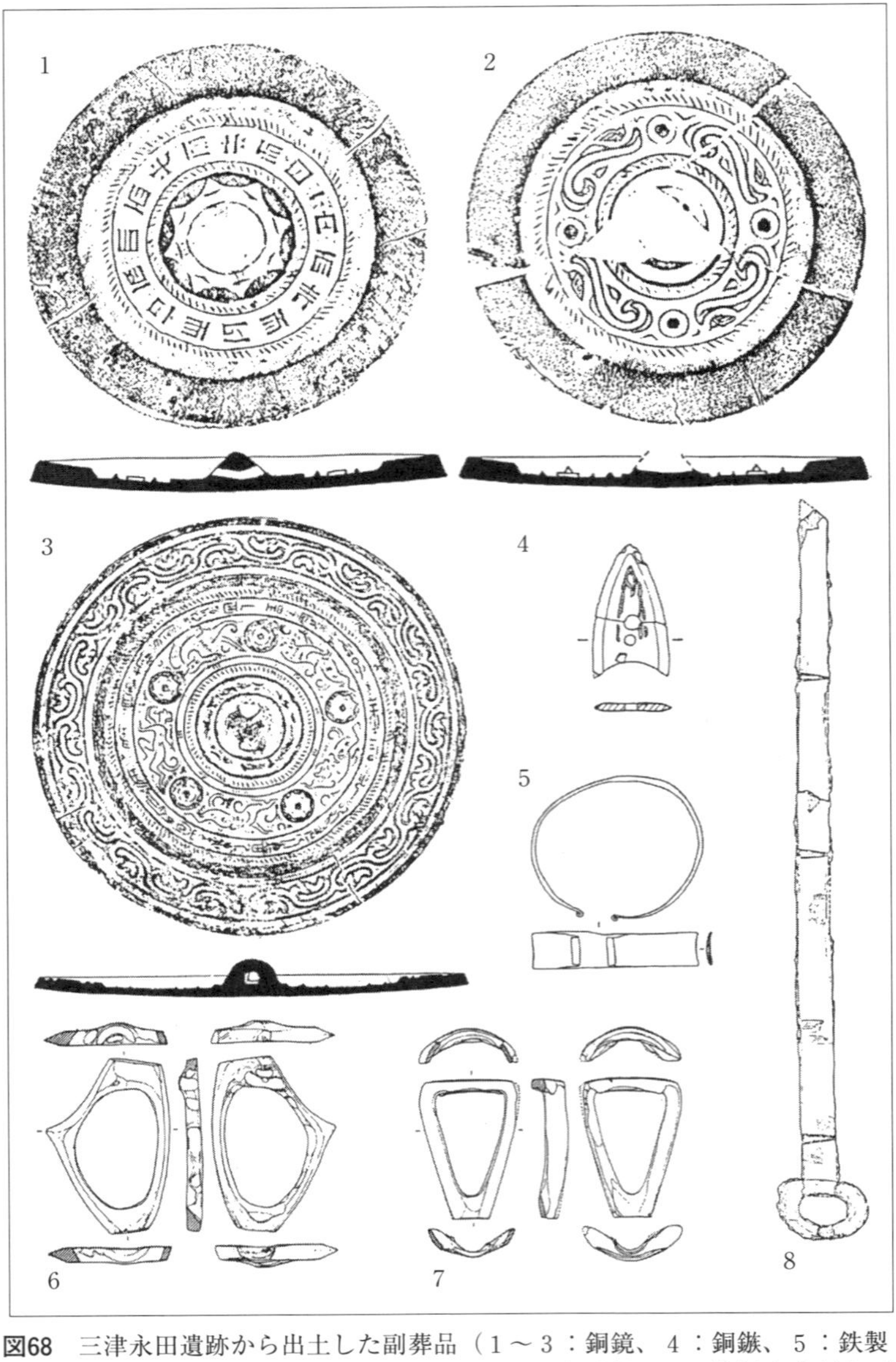

図68　三津永田遺跡から出土した副葬品（1～3：銅鏡、4：銅鏃、5：鉄製腕輪、6：ゴホウラ製腕輪、7：イモガイ製腕輪、8：鉄製素環頭太刀）

衛星集落の有力者が共立され、吉野ヶ里集落へ赴きクニの最高首長として君臨した可能性を、上記の中型鏡や鉄製素環頭太刀をもつ首長墳墓の地域間移動が示しているかもしれない。このような可能性も考慮しながら、吉野ヶ里のクニ全体の範囲で首長層の墳墓を探索しなければならないと考えている。

2　邪馬台国と吉野ヶ里

(一) 邪馬台国への視点

邪馬台国問題は女王卑弥呼の魅力とも相俟って、日本史最大の謎のひとつとして国民の多くが関心を示す事柄である。江戸時代以来、おもに畿内説と北部九州説とに分かれ活発に議論しつづけられている。大正時代末には、東京帝室博物館の高橋健自氏が、「当時の政治・文化の中心であり、中国文化の影響が大きかった場所に違いない」と考えて、畿内説をとった。

しかし現在では、弥生時代後期の北部九州の優位など、弥生時代後期後半から古墳時代初頭の状況が大正時代にくらべ大いに明らかになってきており、江戸時代以来論争され決着をみない里程の解釈や、戦後の三角縁神獣鏡など特定の遺物にとらわれず、考古学資料、とくに遺構・遺跡による考察が必要であろう。つまり、動く遺物による考察も必要ではあるものの、数多い集落跡の発掘調査が進む現在、動かない発掘遺構・遺跡の内容そのものから研究を進める必要性をつよく感じるのである。

邪馬台国に都した倭国は、国内の支配を確固たるものにすべく、さまざまな朝貢外交により魏の傘下に入った。『倭人伝』に記されたこれらの交渉をつうじて、高橋健自氏がいうように中国文化を積極的に取り入れたはずであり、そのことは考古資料として、すでにわれわれの前に示されているはずである。

(二) 吉野ヶ里遺跡と邪馬台国との関連

政事・祭事中枢の象徴としての南北の内郭や大型建物、戦略拠点の象徴としての物見櫓や環壕・城柵、大量物資集積の象徴かつ市の存在を想起させる大倉庫群や広場など、数々の象徴的な施設からなる集落構造や、北内郭と南内郭の配置が「座北朝南」という中国後漢から魏にかけての礼制による都城の配置構造と一致するらしいことなどは、これまで述べてきたように、まさに中国の都城構造の影響を受けたと考えざるをえない。また、北内郭主軸が夏至・冬至の日出・日没の方向に一致することを含め、中国からの天文・暦の知識の導入なども推察できる。これらの集落構造や祭祀形態・宗教観は、『漢書』や『後漢書』『魏志倭人伝』に記された朝貢外交など政治交渉の過程で導入されたものと考える。

中期前半の朝鮮系無文土器や、中国製の青銅製素環頭付き鉄製刀子・鋳造鉄斧・鉄製蝶番・青銅製耳飾、中期後半以降の中国製の銅鏡・鉄製武器・鋳造鉄斧などの工具、後期後半以降の畿内・山陰・瀬戸内地方などの土器。こうした遺物もまた中国や楽浪・帯方郡を含む朝鮮半島さらには国内他地域との交流・交易・政治交渉を裏づけるものであろう。とくに吉野ヶ里遺跡周辺の弥生時代中期から後期にかけての甕棺墓地である三津永田・横田・二塚山遺跡などからは、外交によって入手したと考えられる中国前漢・後漢の銅鏡(中型鏡)や素環頭鉄刀が多数出土しているが、このことは、吉野ヶ里のクニと他の地方との違いを示している。

発見当初話題になった吉野ヶ里遺跡と邪馬台国との関係はどうであろうか？　江戸時代以来、里程記事と地名などからの考証をもとにした論争がくり返されてきたが、とくに大正時代以降は考古学からの発言も多くなった。それにともない、古墳時代以降の畿内文化の優位性や、女王卑弥呼が魏の皇帝から下賜されたと考えられている三角縁神獣鏡の分有関係（畿内を中心に分布）、九州では弥生時代の大集落が未発見であることなどを根拠とする「邪馬台国畿内説」が有力なものになってきた。しかし、現在にいたるまで決着をみていない。邪馬台国問題は、単に古代史最大の謎ということではなく、大和王権成立や日本の古代国家成立を考える際に解決しなければならない重要な問題である。

『倭人伝』には邪馬台国や女王卑弥呼について、下記のように記している。

> 南邪馬台国にいたる、女王の都する所、……倭国乱れ、相攻伐すること歴年、ともに一女子を立て王となす、名づけて卑弥呼という。鬼道につかえ、よく衆を惑わす、……王となりてより以来、見る者は少ない。……ただ男子ひとりありて飲食を給す、辞を伝え居処に出入す。宮室・楼観・城柵を厳重に設け、つねに人有り兵器をもって守衛す。……

女王卑弥呼は、倭国内の戦争状態のなかで、諸国によって立てられた倭の女王で、その都を邪馬台国に置いたことや、宮殿・物見櫓・土塁と木柵が設けられたきわめて閉鎖的な空間に住み、めったに人前には姿を現さない最高司祭者としての身分が記されている。

さらにこの記述は、邪馬台国の中枢には伊支《いき》馬《ま》・弥馬升《みます》・弥馬獲支《みまかき》・奴佳鞮《なかと》などの邪馬台国の長官や次官たちが居住する邪馬台国の中心区画

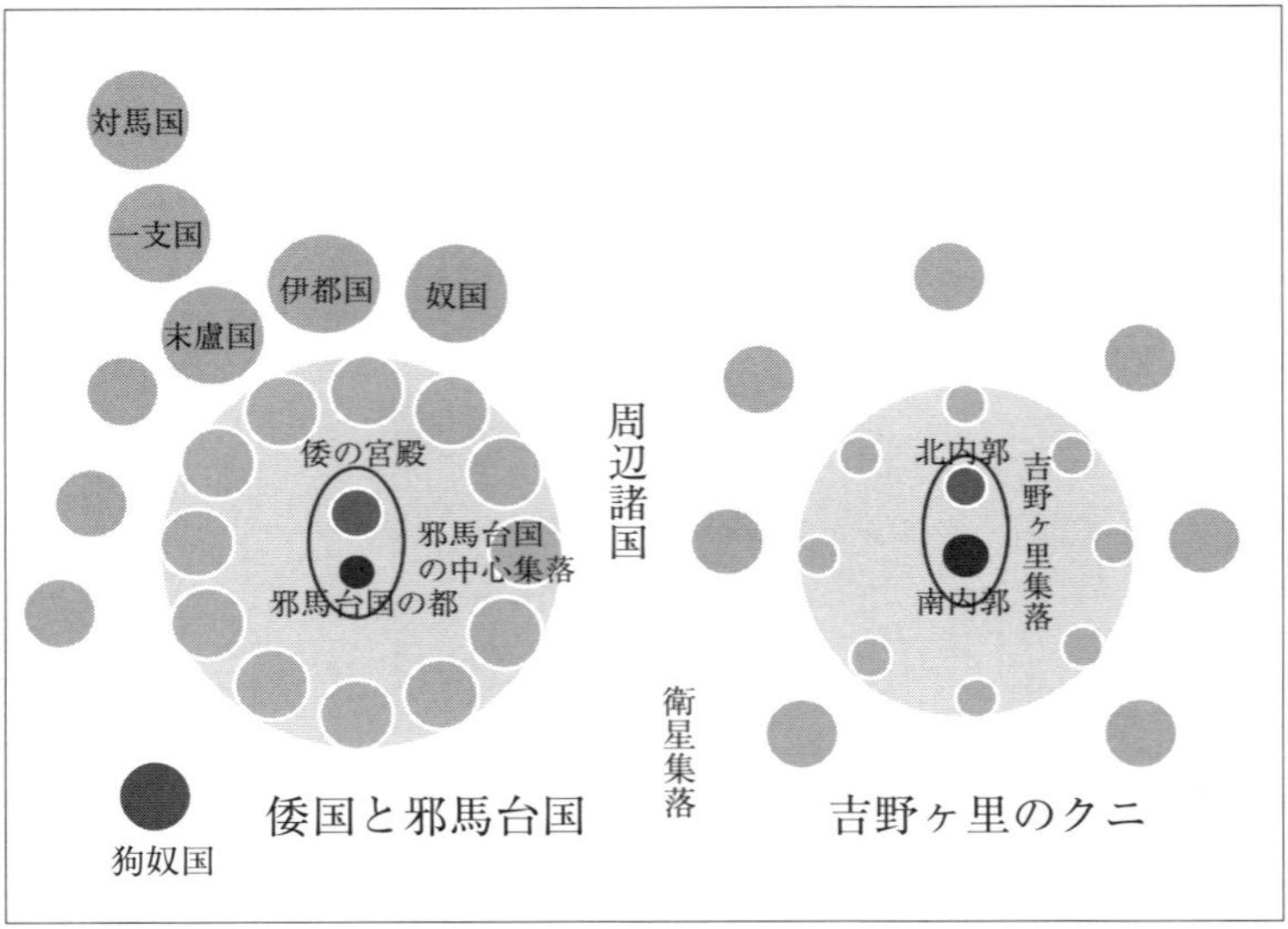

図69　邪馬台国の構造と吉野ヶ里

と、倭国王卑弥呼の宮殿区画が共存する可能性を示している。邪馬台国と同時代の大集落跡吉野ヶ里遺跡で発掘された二つのきわめて閉鎖的な拠点の存在は、国の政治の二重構造を示し、倭国と邪馬台国の関係を暗示しているかのようである（図69）。このことは、「東夷伝」馬韓条に三韓（馬韓・弁韓・辰韓）の王は「馬韓の月支国に治す」とあることと共通する。

　佐賀を含む北部九州の弥生時代後期の祭具として盛んに用いられたものは、本来武器であった矛や戈を大型化させた青銅製祭器であった。北部九州は中期前半以降、戦闘の犠牲者と考えられる人骨が多く出土するなど緊張状態がつづいた土地柄である。女王卑弥呼が倭国の緊張状態のなかで共立されたことを考えるとき、つねに緊張状態にあった北部九州のなかで共立されたと考えるのが自然である。

図70　復元された北内郭の祭殿

「魏書東夷伝」の倭に関する記述によると、倭国のクニグニあるいは邪馬台国には中国本土のそれと同じく表現されたさまざまな施設が設けられ、中国本土の城壁をめぐらす城郭に類似するものが存在したらしいことを知ることができるし、ある程度の中央集権的な官僚・軍事組織など、中国本土と類似した制度・組織の存在も想起され、そこには環壕・土塁や物見櫓などの防御施設、特別区画である内郭の存在など、城郭的な集落の存在が想起される。

先に述べた中国古代の城郭構造の影響が濃い吉野ヶ里集落の集落構造は、当地方の弥生人が中国国家と直接的な外交をしていた結果だと考えることができる。城柵や物見櫓は戦略拠点の象徴として、北内郭の巨大な祭殿（図70）は祭事・政事の象徴として、大型高床倉庫群は物資集積の象徴として、吉野ヶ里の丘にそびえていたに違いない。

倭国内のクニグニは、朝鮮半島南部との日常的な交流に加え、弥生時代中期以降、漢・魏など強大な力をもつ中国王朝の傘下で地域社会をまとめるために、楽浪・帯方郡や中国本土との直接的な外交を行った。その結果、さまざまな中国本土の文物や文化が伝わったと見ることができる。そして、最も中国的な様相を漂わせるのは、肥沃な農業生産基地であり、国内外への航路としての有明海をもつ佐賀平野の中央に位置する吉野ヶ里遺跡の邪馬台国時代最大級の環壕集落である。この外交に関して、早くから大陸・半島の先進文化を受け入れ、弥生時代前期の終わり頃から大量の渡来人を受け入れた佐賀平野の弥生人が果たした役割は大きかったものと考えられる。

また、古墳時代の豪族居館のルーツが、吉野ヶ里遺跡を代表とする佐賀平野の弥生時代終末期の環壕区画である可能性が高いことは蒲原宏行氏によって指摘されているが、これらの平面形態が方形ないし長方形である点では、大人層の居住空間と目される平面長方形の吉野ヶ里遺跡南内郭をモデルにし、古墳時代中期までには分布を広げ、関東地方以西の豪族たちの居館造営に大きな影響を与えたと考えられる。

この居館造営の基本理念の拡散・伝播にともなって、円形と方形が組み合わさった特異な平面形（頂点が丸いA字形）をもつ吉野ヶ里北内郭のもつ性格や形態はどうなったのか。北内郭の全体像が明らかになりつつあった平成四年、発掘現場で筆者がふと連想したのは、円と方を組み合わせた前方後円墳と何か関連するのではということだった。

弥生時代中期前半に築造された吉野ヶ里墳丘墓の南一帯では、中期中頃から後期後半の長期間にわたって墳墓・祖霊祭祀が盛んに行われていたことが、墳丘墓東に接する南北約五〇メートルの大型土壙（元来、墳丘の採土地）から出土するおびただしい数の祭祀土器群から推定される。その後、主たる祭祀場が、囲みや大型建物などを設けた北内郭内部へと移行していったと考えられる。そこからは埋葬施設と英雄祭祀の場の合体形として成立した前方後円墳と、吉野ヶ里の墳丘墓から北内郭跡一帯の祭祀との関連が想起されるのである。いずれにせよ、細かな時期的変遷を含めた北内郭跡一帯の発掘調査成果の詳細な分析が必要であることはいうまでもない。

以上のように考えると、吉野ヶ里遺跡は、邪馬台国の有力な候補地の一つとしてクローズアップされるべきであると考える。

Ⅶ　吉野ヶ里遺跡の保存と歴史公園化

吉野ヶ里遺跡の保存にいたる状況については前述したが、その後は、佐賀県が実施した仮整備や、建設省が実施する国営公園としての本格整備へと、遺跡を取り巻く状況は大きく変化していった。

1　遺跡の仮整備

平成元年三月上旬に遺跡保存という方針を固めた県と県教委は、露出状態となっていた遺構保護のために異例の四月補正予算約二億円（県費）で、連休明けの五月八日から覆土工事を実施した。しかし、閉鎖後も絶えない見学者や県民から再公開の要望が強まったため、覆土した遺跡の上に環壕や建物などを仮に復元し、また出土資料などの展示室を整備して、学習の場として仮整備する費用約三億五千万円（県費）の補正予算が、約二二㌶の正式な遺跡保存議案とともに六月県議会で決議された。

県教委の仮整備事業は、環壕・城柵や竪穴住居四棟、高床倉庫二棟、物見櫓二棟などの仮復元、甕棺墓列表示や甕棺墓埋置模型、墳丘墓内の甕棺墓が観察できる墳丘墓覆屋施設、出土資料展示室、出土品の各種レプリカ製作などの内容であった。工事や製作は実質八月下旬から開始され、十月一日に環壕集落部分や展示室が、十一月十日に墳丘墓覆屋が公開されるという、きわめて短期間になされた工事であった。この仮整備された遺跡は、発掘現場の公開と相まって見学者を集めたが、その数は大報道直後の二カ月間の一〇〇万人を含めて、二〇〇〇（平成十二）年五月までに一三〇〇万人に達した。

　この工事発注とほぼ並行して、県教委では文化財保存活用区域（一九九〇年に史跡、九一年に特別史跡に指定された約二二㌶）の本格整備について指導助言を得るために、考古学・歴史学者以外の環境計画・地域経済などの専門家、地元代表・マスコミ代表など多彩な委員からなる各種委員会を設置し、一九九二年までに「吉野ヶ里遺跡保存活用基本構想」、「基本計画」、「吉野ヶ里遺跡整備設計構想」を策定した。

2　国営吉野ヶ里歴史公園の整備

県教委による遺跡の保存活用計画が進む一方で、弥生時代遺跡を核とした国営公園構想が浮上し、日本考古学協会をはじめとする各種団体からの要望もあって、佐賀県としてさまざまな活動を講じてその実現に取り組み、一九九二年十月に「わが国固有のすぐれた文化的遺産の保存と活用を図るため、閣議の決定を経て国が設置する公園（ロ号公園）」である「国営吉野ヶ里歴史公園」の整備が閣議決定された。

　吉野ヶ里遺跡の弥生時代後期後半から終末期にかけての集落跡は、国内最大級の環壕集落跡、その内部に存在する特別な空間である南北の内郭、物見櫓跡や祭殿と考えられる大型建物跡、大型の高床倉庫群跡の存在などから、農業集落から地域の中核集落へと発展していった姿を如実に示しており、わが国の原始・古代国家形成についての議論に多く寄与できる内容をもっている。この時期の集落全体の姿をダイナミックに推定復元し、さまざまな形で活用を図ろうというのが、国営・県営吉野ヶ里歴史公園の整備である。

「国営・県営吉野ヶ里歴史公園」は国（建設省）と佐賀県（土木部）の両者が一体となって整備する公園として計画が立案された。約五四㌶（特別史跡二二㌶、県史跡二八㌶、無指定の便益施設用地四㌶）の国営区域と、周辺の環境保全を主体とする約六三㌶（無指定）の県営区域を合わせ、南北約二・二㌖、東西最大一・二㌖の計約一一七㌶という大規模な公園である。

この歴史公園計画には考古学者のほか他分野の多くの研究者が委員として参画し、全体の整備計画、個々の空間の整備計画、植栽整備計画などの策定内容が相次いでまとめられた。また、集落内での当時の行事や日常のありさま、復元された建物内に置く器材や道具、衣服などを総合的に復元する『吉野ヶ里歴史公園生活復元報告書』も九八年度末に策定された。現在も今後整備する地区について委員会の指導で設計が進んでいる。

「吉野ヶ里歴史公園」は、基本テーマを「吉野ヶ里遺跡を核として、広く弥生時代を感じることのできる歴史公園とするために〝弥生人の声が聞こえる〟をテーマに公園を計画する」とし、基本理念として「吉野ヶ里遺跡の保存を通じての本物へのこだわりと、適切な施設の復元やわかりやすい手触りの展示等、遺跡の活用を通じて、弥生時代を体感できる場を創出することとし、もって日本はもとより世界への情報発信の拠点とする」

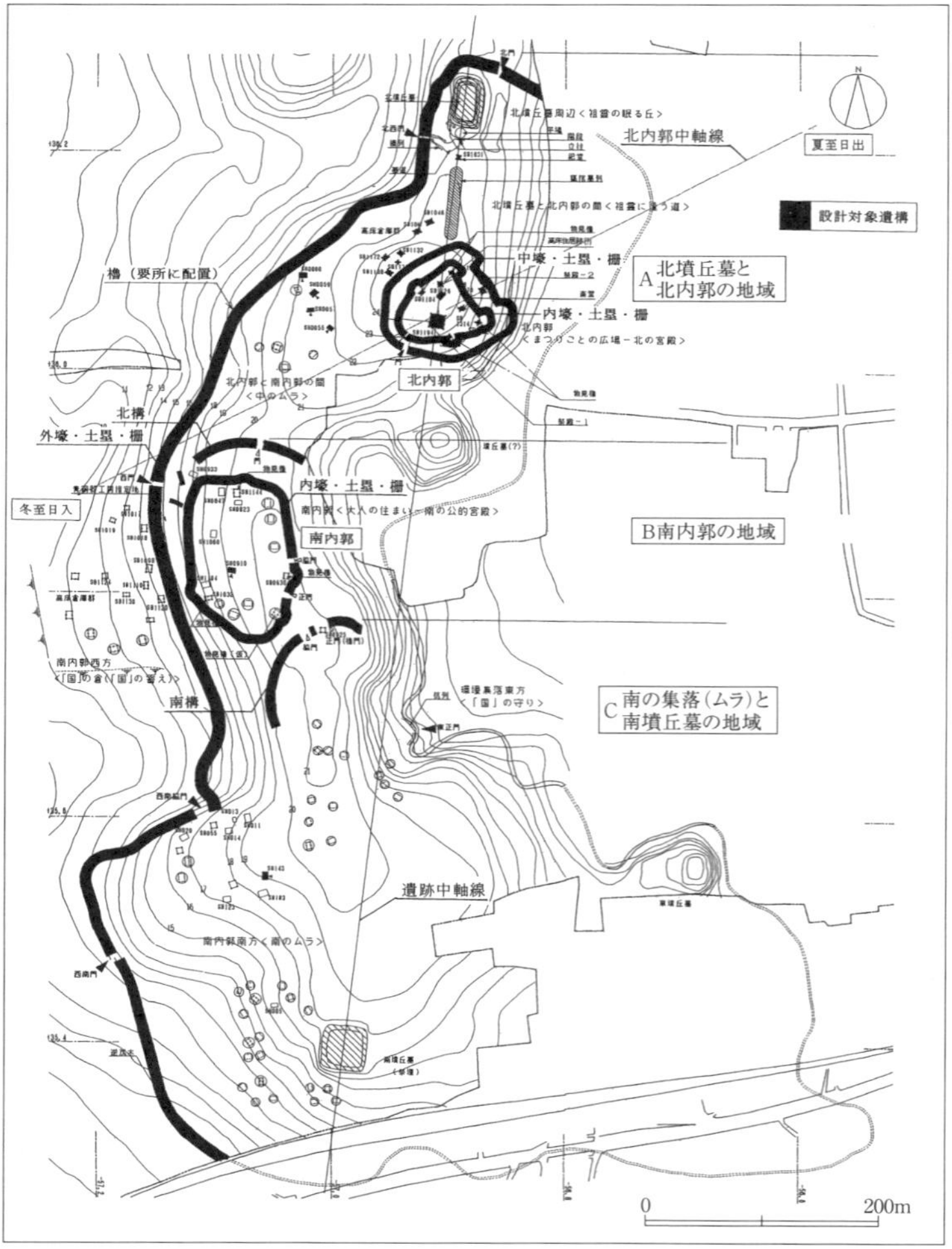

図71　吉野ヶ里環壕集落　各空間の性格づけ（日本公園緑地協会1998『吉野ヶ里歴史公園建物等復元基本設計報告書』より）

とうたわれている。

　吉野ヶ里歴史公園の核となる環壕集落ゾーンの整備は、四〇《ヘクタール》を誇る弥生時代後期後半から終末期（後二～三世紀）の大規模環壕集落を当時の姿に再現しようというものである。この計画は、発掘調査によって得た情報を整理し、各地域のもつ性格・機能を分析した内容、たとえば北内郭は最高祭司権者の祭事・政事・居住の場、南内郭は首長の命に応じる大人層の居住の場、高床倉庫群は集落を超えた国の蓄えを収める公的群倉、などといった内容を反映したもので、整備時期内で同時期に存在した遺構を選択し、整備するものである。しかし、発掘調査の進展から得た情報如何によっては、復元棟数など変更を余儀なくされることは当然のこととして計画が進行している。

　全体の盛土工事や植栽工事、外環壕の復元工事（約五〇〇《メートル》）のほか、第一期開園の目玉となる北内郭の環壕や祭殿と目される大型掘立柱建物と高床住居一棟、竪穴住居一棟、物見櫓四棟、高床倉庫二棟、その他高床建物三棟の復元工事が終了し、二〇〇一年四月二十一日、公園は開園した。しばらくして、その周辺に掘立柱建物五棟と竪穴住居四棟も完成した。

　その後も整備区域ごとに発掘情報を検討し、基本設計・実施設計検討委員会での討議を経ながら整備工事がなされている。平成十六年四月一日には高床倉庫群（「倉と市」と呼称。市を管理する市楼と目される掘立柱建物一棟や高床倉庫などの掘立柱建物二四棟、竪穴住居四棟、櫓一棟、櫓門一棟など）が、平成十七年四月一日には高階層の人びとの居住区と目される「南内郭」（物見櫓四棟、竪穴住居一一棟、集会所と目される大型平屋一棟、煮炊き屋三棟など）が竣工し公開された。

　現在は集落南部に広がる一般庶民のムラと考え

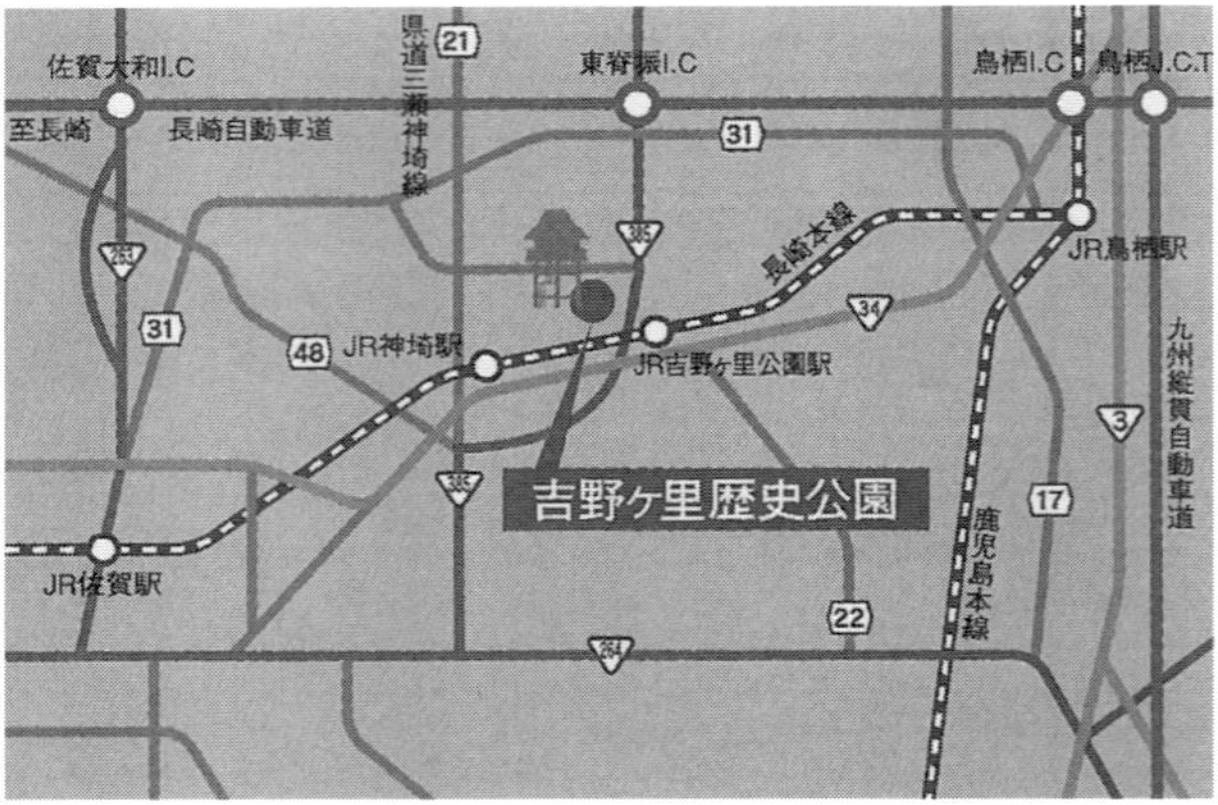

【ＪＲ利用の場合】

●鳥栖駅　→　吉野ヶ里公園駅　約14分
　　　　　→　神埼駅　　　　　約17分
●佐賀駅　→　神埼駅　　　　　約９分
　　　　　→　吉野ヶ里公園駅　約12分

【車利用の場合】

●有明佐賀空港から約40分
●福岡空港から高速道路を利用し、長崎自動車道東脊振I.Cまで約１時間。東脊振I.Cから約５分。

【問い合わせ先】

(財) 公園緑地管理財団　吉野ヶ里公園管理センター
〒842-0035 佐賀県神埼郡三田川町大字田手1843
TEL 0952-55-9333　FAX 0952-55-9330　http://www.yoshinogari.jp

図72　吉野ヶ里遺跡までのアクセス・マップ

られる「南のムラ」の整備についての設計が進み、平成十九年春には公開される計画である。「南のムラ」が完成すれば、弥生時代終わり頃の環壕集落内部の整備が一応完了するが、復元される建物は合計一〇〇棟ちかくにものぼることとなり、都市的に発展した弥生時代大環壕集落の実物大の姿が、国内で初めて壮大に推定再現されることとなるのである。

また、発掘された遺構の実物が見学できる施設として、大規模な墳丘墓内部の甕棺墓一四基や、墳丘の盛土状況が観察できるようにする覆屋を設ける工事が平成十七年から始まっており、十九年春に「南のムラ」とともに公開される計画である。将来は北部の大規模甕棺墓地の甕棺墓群約一〇〇メートル区間の実物が見学できる覆屋の設置も計画されている。

歴史公園の復元集落のなかでは、当時の土器や青銅器・鉄器・木器、各種玉類、布や衣服などの製作体験、その他生活体験、考古学体験などの各種体験メニューが行われており、公開される発掘現場と合わせ、さまざまな知的好奇心に対応できるものとなっている。

3　史跡整備は誰のために

弥生時代の大集落跡である吉野ヶ里遺跡の工業開発から発掘調査、邪馬台国問題と絡んだ大フィーバーと保存問題、遺跡保存と仮整備、そして国営歴史公園化への劇的な状況変化は、県民のみならず国民全体の歴史的風土に対する保存意識の高まりの結果だと考えられる。

貴重な埋蔵文化財は保存のために地中に埋め戻し、原始古代の各種施設の当時の構造が明らかになるまでは、安易に復元をすべきではないという意見を多く聞くが、現時点で学際的にオーソライズされた推論によって立体復元することがはたして性急すぎるだろうか。復元根拠や各種復元案は、博物館などの施設で示すことができる。私はそれよりも、文化財に人びとが集い、みずからの知的好奇心を満足させる機会を早期に設け、文化財を国民に生かすことこそが重要ではないかと考えている。

文化財はその地域の地理的要因や風土によってしか存在し得ないものであり、交通・通信網の整備によって地域間格差がなくなりつつある現在でも、つよい個性をもって地域に存在している。そのため文化財を活用した地域興しが盛んになりつつあるのも当然である。今や地域経済にとって「文化財は害あって利なし」ではないのである。地域浮揚のための観光施設としても、埋蔵文化財ももっと活用されるべきものであり、「質の高い観光地」の良質な素材となるものである。このような意味からも吉野ヶ里遺跡の歴史公園としての整備活用は、埋蔵文化財の積極的な活用の試金石となるものである。

公園内での各種体験で過去の人びとの技や努力を知ったとき、発掘体験で土器や石器を自分の手で発掘したときの子供たちの歓声や目の輝き、破片を組みあわせて弥生土器を完成させ喜び合う親子など、公園内でのさまざまな体験をつうじて、当時の技術の一端に触れ、さらに弥生人の心に触れることができるのである。

吉野ヶ里歴史公園に入園し、調査が進む発掘現場や出土資料展示室で、弥生人が営んだ活動の跡や彼らが技術を駆使してつくり上げたり手にいれた文物を見つめながら、また、復元された集落を散策しながら、過去の人びとの並々ならぬ努力を知り、自分たちのルーツについて、わが国日本について、そして現代の諸問題について思いをめぐらせてみるのも有意義ではなかろうか。

汗を流しながら今の日本の基礎をつくり上げてくれた古代人が残してくれた遺跡を、汗を流しながら探る発掘調査は、全国いたるところで毎日行われている。遺跡や遺物は国民共有の財産であり、研究者や一部の人びとのものではない。大半の発掘調査の主体である都道府県や市町村の教育委員会は、体制を整えるなどして、地元の小中学校・高等学校の学習の一環として発掘体験をはじめとした考古学の各種体験を行い、実物資料に触れることのできる機会を積極的に設ける時期にきているのではないかと思う。このような体験をつうじて先人の営みを知ると同時に、自分たちが今生活している地域の特性に触れることもできるなど、大きな教育効果が期待できるのである。

また、日本あるいは国民の国際化が叫ばれて久しいのだが、本当の国際化はまず私たち国民が日本あるいは日本文化・日本人について、諸外国との関係も含めて正しく理解するところから始まるということを認識しなくてはならない。自国を知らずして国際交流も外交もあったものではないのである。都会のみならず地方においても外国人と交流し語り合う機会が増加しているが、彼らの口からは日本の歴史や伝統文化についての質問が立てつづけに出てくる。安易な答えであっても私たちの答えは日本人を代表していると受取られてしまうから、しっかり学習する必要があるのである。

表6　吉野ヶ里遺跡の保存・整備活動

昭和48年（一九七三）		吉野ヶ里遺跡南部の丘陵が県立神埼農業高校の移転候補地として浮上するが、埋蔵文化財の濃密さと発掘調査費の問題で白紙に。
昭和56年（一九八一）	6月	佐賀県東部地区工業団地適地の検討着手。
昭和57年（一九八二）	6月	吉野ヶ里遺跡一帯約八〇㌶が工業団地の最有力候補に決定。
	7月	吉野ヶ里遺跡調査会によって工業団地計画区域内（丘陵部六八㌶）の埋蔵文化財確認調査が開始される。
	12月	確認調査の結果を踏まえ、工業団地レイアウト策定を開始。
昭和61年（一九八六）	1月	工業団地計画区域内（水田部）の埋蔵文化財確認調査を実施。結局、団地内の埋蔵文化財包蔵地は三六㌶となり、文化財保存緑地として保存される六㌶を除く約三〇㌶が、記録保存のための発掘調査の対象になる。
	5月	県教委、吉野ヶ里遺跡の埋蔵文化財包蔵地約三〇㌶の発掘調査を、現地調査三年の計画で開始する。
平成元年（一九八九）	2月	発掘調査の成果をマスコミ各社が大々的に報道（23日）。
	3月	墳丘墓から有柄式銅剣やガラス管玉が出土し、報道が加熱し見学者も増大する（2日）。
	3月	香月熊雄佐賀県知事、史跡指定を国に働きかけ、遺跡を保存し活用することを表明（7日）。
	4月	西岡文部大臣視察。
	5月	遺跡の一般公開が終了。遺構の覆土工事に始まる一連の仮整備事業に着手。
	6月	約二一・九㌶に及ぶ文化財保存活用区域の設定。
	8月	「吉野ヶ里遺跡保存活用検討委」を発足。
		知事が国営公園化を強く要望して行きたい旨を表明。
	11月	墳丘墓覆屋の完成により仮整備を全面公開。
		海部首相視察。知事が吉野ヶ里遺跡保存整備に関する要望書を首相に提出（特別史跡指定、土地公有化の予算計上、国営公園事業化の要望）。
平成2年（一九九〇）	1月	国史跡申請。
	3月	国の文化財保護審議会から指定答申。「吉野ヶ里遺跡は、弥生時代における有力な首長層の確立や『ムラ』から

		『クニ』へという原始国家成立の過程を考える上で、次ぐことのできない重要な遺跡である」。
		見学者累計二〇〇万人となる。
	4月	保利文部大臣視察。
	5月	国史跡指定。
	6月	建設省、文部省に国営公園化を要望。
	9月	見学者累計三〇〇万人となる。
	11月	「吉野ヶ里国営公園整備促進協議会」が発足。
平成3年（一九九一）	4月	見学者累計四〇〇万人となる。
	5月	特別史跡へ昇格。
	6月	第97回九州地方知事会議において「吉野ヶ里周辺の国営公園の実現について」の特別決議。
	8月	「国営吉野ヶ里歴史公園実現推進本部」を設置。官民一体の「国営吉野ヶ里歴史公園実現推進協議会」が発足。
		九州国会議員の会、九州地方知事会、九州・山口経済連合会合同による「国営公園の実現について」決議・要望。
	9月	九州各県町村議会議長会における「国営公園の実現について」の要望決議。
	10月	九州地区市町村文化財保存整備協議会による「国営吉野ヶ里歴史公園の実現について」要望。
		佐賀県議会の「国営公園の実現について」決議。
		全国史跡整備市町村協議会による「吉野ヶ里歴史公園の実現について」要望・決議。
		吉野ヶ里フェスタ開催。コンサートと物産・観光展によるピーアール。見学者五〇〇万人達成記念イベント。
	11月	日本考古学協会総会において「国営吉野ヶ里歴史公園の実現について」決議。
		山崎建設大臣視察。
	12月	全国都市公園整備促進大会における「国営吉野ヶ里歴史公園の実現について」要望・決議。
		平成4年度政府予算（案）における「国営吉野ヶ里歴史公園（仮称）の整備着手事業」で約五〇㌶を承認。
平成4年（一九九二）	3月	国営吉野ヶ里歴史公園（仮称）整備推進連絡会議の開催。
	4月	国営吉野ヶ里歴史公園（仮称）整備費として八〇百万円の内示。
		羽田大蔵大臣視察。
	5月	天皇皇后両陛下行幸啓。

	6月	「三町村連絡会議」で県最終案一一七ヘクタールが承認。
	9月	吉野ヶ里フェスタ開催。
	10月	国営吉野ヶ里歴史公園閣議決定。国営公園五四ヘクタール（入場部分四ヘクタール＋特別史跡二二ヘクタール＋佐賀県史跡二八ヘクタール）＋県営公園六三ヘクタール。
		第1回吉野ヶ里歴史公園（仮称）基本計画検討委員会の開催。
	11月	第2回吉野ヶ里歴史公園（仮称）基本計画検討委員会の開催。
平成5年（一九九三）	2月	吉野ヶ里歴史公園の都市計画決定案の公告・縦覧。
		第3回吉野ヶ里歴史公園（仮称）基本計画検討委員会の開催。
		第81回佐賀県都市計画地方審議会で、吉野ヶ里歴史公園の都市計画決定案について原案どおり決議。
	3月	吉野ヶ里歴史公園基本計画策定。歴史公園（国営及び県営）一一七ヘクタールの基本計画、全体ゾーニング、歴史公園の基本テーマ及び方針を決定。
		吉野ヶ里歴史公園の都市計画決定告示・縦覧。
	4月	高円宮ご夫妻行啓。
		見学者累計七〇〇万人となる。
	7月	吉野ヶ里基金を開始。
	10月	吉野ヶ里フェスタ開催。
		建設大臣への都市計画事業認可申請（9・6・1　吉野ヶ里歴史公園）。
	11月	都市計画（吉野ヶ里歴史公園・県営）認可。
		第1回吉野ヶ里歴史公園基本設計検討委員会の開催。
	12月	吉野ヶ里歴史公園の事業認可告示。
平成6年（一九九四）	2月	第2回吉野ヶ里歴史公園基本計画検討委員会の開催。
	3月	吉野ヶ里歴史公園基本設計の策定。各ゾーンごとの整備方針及び整備内容を決定。
		都市計画事業（吉野ヶ里歴史公園・国営）承認・告示。
	4月	建設推進局吉野ヶ里公園課の新設。

	6月	第3回吉野ヶ里歴史公園基本計画検討委員会の開催。 吉野ヶ里歴史公園建物等復元検討調査の開始。 見学者累計八〇〇万人となる。
	7月	建設省九州地方建設局国営吉野ヶ里歴史公園工事事務所の設置。
	8月	吉野ヶ里国営公園整備促進協議会総会（名称を国営吉野ヶ里歴史公園整備促進協議会に変更）。
	9月	県立吉野ヶ里博物館（仮称）構想調査の検討。
	12月	第1回吉野ヶ里博物館（仮称）構想調査検討委員会の開催。 第1回国営吉野ヶ里歴史公園建物復元検討委員会の開催。
平成7年（一九九五）	3月	吉野ヶ里歴史公園植栽基本計画の策定（花粉分析、種子・木片同定調査などにより植栽計画）。 第2回吉野ヶ里博物館（仮称）構想調査検討委員会の開催。 第2回国営吉野ヶ里歴史公園建物等復元検討委員会の開催。
	9月	見学者累計九〇〇万人となる。
	11月	吉野ヶ里歴史公園の起工式。
平成8年（一九九六）	3月	吉野ヶ里歴史公園建物等復元検討調査報告の策定。 吉野ヶ里歴史公園植栽基本設計策定。 吉野ヶ里歴史公園北内郭広場の造成。
	7月〜11月	皇太子ご夫妻ご視察。秋篠宮ご夫妻ご視察。
	10月	吉野ヶ里遺跡見学者数（平成元年2月23日からの累計）が一〇〇〇万人を突破。
平成9年（一九九七）	3月	吉野ヶ里歴史公園建物等復元基本設計の策定（北内郭の祭殿、物見櫓、高床倉庫、竪穴住居の詳細復元設計）。 吉野ヶ里歴史公園入口施設群の実施設計。
	5月	吉野ヶ里歴史公園入口ゾーンの造成開始。 吉野ヶ里歴史公園生活関連資料の調査。生活資料の収集分析検討を中心にソフト計画を策定。
	11月	見学者累計一一〇〇万人となる。
平成11年（一九九九）	3月	見学者累計一二〇〇万人となる。

	10月	吉野ヶ里遺跡北内郭整備着手セレモニー（柱建てイベントなど）が開催される。
平成12年（二〇〇〇）	3月	吉野ヶ里歴史公園生活復元基本設計策定。
平成13年（二〇〇一）	3月	吉野ヶ里歴史公園南内郭西方倉庫群建物等基本設計策定。
	4月	第一期開園（21日）。
平成15年（二〇〇三）	3月	吉野ヶ里歴史公園南内郭建物等基本設計策定。
平成16年（二〇〇四）	4月	南内郭西方倉庫群（「倉と市」）公開。
	5月	南内郭復元工事着工。
		「南のムラ」基本設計、北墳丘墓覆屋実施設計。
平成17年（二〇〇五）	2月	北墳丘墓覆屋工事着工。
	4月	南内郭公開。

参考文献

秋山浩三　一九九八『史跡池上曽根九六』和泉市教育委員会
乾　哲也　一九九五「池上・曽根遺跡の変遷」『研究紀要三』大阪府埋蔵文化財協会
岡村秀典　一九九九『三角縁神獣鏡の時代』吉川弘文館
小郡市教育委員会　一九九四『一ノ口遺跡Ⅰ地点』文化財調査報告書第八六集
片岡宏二　一九九九『弥生時代 渡来人と土器・青銅器』雄山閣
蒲原宏行　一九九四「古墳時代初頭前後の佐賀平野」『日本と世界―の考古学―現代考古学の展開』岩崎卓也先生退官記念論文集、雄山閣出版
蒲原宏行　一九九五「九州二（佐賀県）」『ムラと地域社会の変貌―弥生から古墳へ―』埋蔵文化財研究会
蓋　山林・陸　思賢　一九七九「内蒙古境内戦国秦漢長城遺迹」『中国考古学会第一年次会論文集』
金関丈夫・坪井清足・金関　恕　一九六一「佐賀県三津永田遺跡」『日本農耕文化の生成』日本考古学協会編、東京堂
河南省文物研究所・周口地区文化局文物科　一九八三「河南淮陽平糧台龍山文化城址試掘簡報」『文物』
河南省文物研究所・中国歴史博物館考古部　一九八三「登封王城崗遺址的発掘」『文物』
河北省文物工作隊　一九六五「河北易県燕下都城勘察和試掘」『考古学報』
甘粛居延考古隊　一九七八「居延漢代遺址的発掘和新出土的簡冊文物」『文物』
北茂安町教育委員会　一九九九『平林遺跡1区』
来村多加史ほか　一九九四『戦略戦術兵器事典①〈中国古代編〉』学習研究社
金　良美　一九九八「晋州大坪里玉房1地区無文土器時代環濠集落」『南江ダム水没地区の発掘成果』第七回嶺南考古学会学術発表会発表要旨

群馬県教育委員会・(財)群馬県埋蔵文化財調査事業団・(株)東日本旅客鉄道　一九八八『三ツ寺I遺跡—古墳時代居館の調査—(本編)』
群　力　一九七二「臨淄斉国故城勘探紀要」『文物』
慶尚南道・東亜大学校博物館　一九九九『南江流域文化遺跡発掘図録』
五井直弘　一九八三『中国古代の城—中国に古代城址を訪ねて』研文出版
国立公州博物館　一九九三『松菊里V—木柵(一)—』
小林行雄　一九五二「邪馬台国の所在論について」『ヒストリア』四号
湖南省文物考古研究所　一九九六「湖南澧県夢渓八十当新石器時代早期遺址発掘簡報」『文物』
佐伯有清　二〇〇〇『魏志倭人伝を読む　上　邪馬台国への道』吉川弘文館
佐伯有清　二〇〇〇『魏志倭人伝を読む　下　卑弥呼と倭国内乱』吉川弘文館
佐原　眞　一九九二「教育の回廊—吉野ヶ里と魏志倭人伝」文部省編『初等教育資料』五八三号
塩地潤一　一九九四「国分松本遺跡の発掘調査」『考古学ジャーナル』三七八号
渋谷　格　一九九五「鳥栖市柚比本村遺跡の調査」『九州考古学』六九号
申　敬澈　一九九二「韓国金海の環濠集落」『古代の日本』五
昌原大学校博物館　一九九四『昌原加音丁洞遺跡発掘調査現場説明会資料』
昌原大学校博物館　一九九七『昌原の先史・古代集落』昌原大学校博物館一九九八年度展示案内
昌原文化財研究所　一九九四『昌原加音丁洞遺跡』
沈　奉謹　一九九八『梁山平山里遺跡』東亜大学校博物館
西安半坡遺跡博物館　一九八八『姜寨—新石器時代遺址発掘報告』文物出版社
杉本憲司　一九七七「中国古代の城」『日本古代文化の探求　城』社会思想社
副島和明　一九九五「一支国　原の辻遺跡」『季刊考古学』第五一号

高倉洋彰　二〇〇一　『交流する弥生人―金印国家群の時代の生活誌』吉川弘文館
高島忠平　一九九三　「吉野ヶ里」『岩波講座　日本通史』第二巻、古代一、岩波書店
高橋健自　一九二二　「考古学上から観たる邪馬台国」『考古学雑誌』一二巻五号
田中　淡　一九八九　「「墨子」城守諸篇の築城工程」『中国古代科学史論』京都大学人文科学研究所
坪井清足・金　関恕　一九五四　「肥前永田遺跡弥生式甕棺伴出の鏡と刀」『史林』三七巻二号
田中裕介・土居和幸　一九九五　「大分県小迫辻原遺跡」『考古学ジャーナル』三八四号
谷　豊信　一九九五　「楽浪郡・帯方郡の土城」『歴史九州』六三号
久留米市教育委員会　一九九一　『道蔵遺跡』
中国科学院考古研究所・陝西省西安半坡博物館　一九六三　『西安半坡原始氏族社会集落遺址』文物出版社
中国社会科学院考古研究所内蒙古工作隊　一九九七　「内蒙古敖漢旗興隆窪聚落遺址一九九二年発掘簡報」『考古』
都出比呂志　一九九三　「古墳時代首長の政治拠点」『論苑考古学』天山社
布目順郎　一九九二　「吉野ヶ里遺跡出土の絹と麻」佐賀県教育委員会編『吉野ヶ里』
布目順郎　一九九五　『倭人の絹―弥生時代の織物文化』小学館
橋口達也　一九七四　「佐賀県三津永田出土の鉄器　補遺」『九州考古学』四九・五〇号
福岡市教育委員会　一九八三　『久保園遺跡』
福岡市教育委員会　一九九五　『吉武高木遺跡Ⅶ』
細川金也　二〇〇二　「辛上廃寺の調査」『吉野ヶ里銅鐸』佐賀県教育委員会
福岡市教育委員会　一九九五　『環境整備事業　板付遺跡』
釜山大学校博物館　一九九三　『金海鳳凰台遺跡現場説明会資料』
釜山大学校博物館　一九九五　『蔚山検丹里マウル遺跡』
藤田三郎　一九九〇　「唐古・鍵遺跡の構造とその変遷」『季刊考古学』第三一号

前田雨城・下山　進・野田裕子「吉野ヶ里遺跡出土染織遺物の染色鑑定科学調査について」佐賀県教育委員会編『吉野ヶ里』
吉留秀敏　一九九三「那珂遺跡の二重環濠遺構」『考古学研究』三九巻四号
李　興盛　一九九二「内蒙古卓資県三道営古城調査」『考古』
李　盛周　一九九八「韓国の環壕集落」『環壕集落と農耕社会の形成』九州考古学会・嶺南考古学会、第三回合同考古学大会発表資料
李　祖徳　一九九五「漢代の市」五井直弘編『中国の古代都市』汲古書院
嶺南埋蔵文化財研究院　一九九七「慶山林堂低湿地遺跡発掘調査現場説明会資料」
山崎純男　一九九〇「環濠集落の地域性　九州」『季刊考古学』三一号
楊　寛　一九八七『中国都城の起源と発展』学生社
その他県内外遺跡の府県教育委員会・市町村・機関発行の発掘調査報告書

おわりに

吉野ヶ里遺跡の発掘調査や出土した遺物の整理分析作業は、現在も継続して実施されており、遺跡のもつ情報が明らかになりつつある。また、周辺地域での発掘成果も蓄積されており、「吉野ヶ里のクニ」の状況や東アジアとの関わりがしだいに見えてきつつある。

吉野ヶ里歴史公園の整備も二〇〇七年（平成十九）春に計画されている「南のムラ」と「墳丘墓覆屋」の公開をもって、環壕集落ゾーンの整備が完了する運びである。遺跡内での体験プログラムも整備されつつあり、復元された弥生時代終わりごろ（邪馬台国時代）のあるクニの中心集落を訪れ、公開されている発掘現場や「吉野ヶ里遺跡展示室」で生の考古学資料に触れ、さまざまな弥生人たちの技を体験し、弥生人たちの営みを体感することができる。弥生文化が現在の日本文化に多くの影響を与えていることを知ることができ、また、東アジアからのさまざまな文化や人の流入が日本文化の生成や発展に大いに貢献したことを知ることができる。

吉野ヶ里遺跡を、日本の成り立ちや、「日本人とは何か」について真剣に考え、私たち日本人がアジアの一員として将来どのように進むべきかということについて考える資源にしていただければと考えている。

なお、本書を執筆するにあたり、佐賀県教育委員会が編集・発行した以下の調査報告書を参考にし、挿図・図版の一部を利用させていただいた。

佐賀県教育委員会『吉野ヶ里—神埼工業団地計画に伴う埋蔵文化財発掘調査報告書』一九九二年
佐賀県教育委員会『吉野ヶ里遺跡—平成二年度〜七年度の発掘調査の概要—』一九九七年
佐賀県教育委員会『吉野ヶ里遺跡—平成八年度〜十年度の発掘調査の概要—』二〇〇三年
佐賀県教育委員会『弥生時代の吉野ヶ里—集落の誕生から終焉まで—』二〇〇三年
佐賀県教育委員会『吉野ヶ里遺跡—平成十一年度〜十二年度の発掘調査の概要—』二〇〇四年

また、Ⅳ発掘調査の成果、Ⅴ吉野ヶ里遺跡にみる交流、Ⅵ吉野ヶ里遺跡と邪馬台国は、以下の雑誌・論文集に掲載された拙文を改変して掲載した。

「吉野ヶ里遺跡の環壕区画」『ムラと地域社会の変貌—弥生から古墳へ—』埋蔵文化財研究会、一九九五年
「日本の弥生時代集落構造にみる大陸的要素—環壕集落と中国古代城郭との関連について」『東アジアの鉄器文化』韓国 国立文化財研究所、一九九六年
「有明海沿岸地方の弥生時代環壕集落にみる大陸的要素（予察）」『佐賀考古』第四号、一九九七年
「日韓環壕集落の変革の画期とその要因—弥生時代後期の北部九州と三韓時代の弁辰の環壕集落について—」『晋州南江遺跡と古代日本—先史時代韓日交流の諸様相』韓国、慶尚南道・仁済大学

校、二〇〇〇年
「弥生時代の市―吉野ヶ里遺跡の発掘から推理する」『歴史九州』一二三号、二〇〇〇年
「吉野里遺址的祭祀与長江文明」『神話　祭祀と長江文明』中国、文物出版社、二〇〇二年
「佐賀平野における中韓文化の流入と発展―徐福上陸伝説の地　佐賀の平原広沢からの視点―」『済州島研究』韓国済州学会、二〇〇二年
「佐賀平野の弥生時代環壕区画と大型建物」『日本考古学協会二〇〇三年度滋賀大会資料集』日本考古学協会、二〇〇三年
「吉野ヶ里遺跡の発掘から見えてきたもの」『季刊邪馬台国』八一号、梓書房、二〇〇三年

また、口絵の1・4頁、2・3頁の下段、さらに本文中の図6～8・10・11・14・17～20・23・24・26・27・29・32・34・38・41～43・45～49・51～53・57については、佐賀県教育委員会よりご提供いただいた。

菊池徹夫
坂井秀弥　企画・監修「日本の遺跡」

2　吉野ヶ里遺跡《よしのがりいせき》

■著者略歴■

七田忠昭（しちだ・ただあき）

1952年、佐賀県生まれ

國學院大學文学部史学科考古学専攻卒業

現在、佐賀県教育庁文化課吉野ヶ里遺跡担当主幹

主要著書等

『吉野ヶ里遺跡発掘』ポプラ社、1990年

『魏志倭人伝の世界—吉野ヶ里遺跡』読売新聞社、1994年

「日本の弥生時代集落構造にみる大陸的要素」『東アジアの鉄器文化』韓国国立文化財研究所、1996年

2005年9月10日発行

著　者　七田《しちだ》　忠昭《ただあき》

発行者　山脇　洋亮

印刷者　亜細亜印刷㈱

発行所　東京都千代田区飯田橋
4-4-8　東京中央ビル内　**(株)同成社**

TEL 03-3239-1467　振替 00140-0-20618

ISBN4-88621-331-6 C3321